¡Sssssshhhhhhhhhh!

Haz del teatro algo íntimo

Llévalo siempre en el bolsillo

Cubierta y diseño editorial: Éride, Diseño Gráfico
Dirección editorial: ángel jiménez

Primera edición: mayo, 2024

sombra y realidad (Pérez Galdós)
© Ignacio del Moral
© Verónica Fernández
© VdB, 2024
Espronceda, 5
28003 Madrid

VdB

ISBN: 978-84-19850-59-1
Depósito Legal: M-12043-2024 -
Diseño y preimpresión: Éride, Diseño Gráfico

 Este libro protege el entorno

sombra y realidad
(Pérez Galdós)

Verónica Fernández (Vinuesa, Soria, 1971). Escritora y guionista de cine española. Licenciada en Filología Hispánica y graduada en la especialidad de guion por la Escuela de Cinematografía y del Audiovisual de la Comunidad de Madrid. Trabaja como profesora de guion en la ECAM y en la Universidad Carlos III. Comenzó como guionista en televisión con un capítulo de la serie *A las once en casa* y en 2001 compartió el Goya al mejor guion original con Achero Mañas por *El bola*. Además de guionista, es responsable creativa, coordinadora de guiones y productora ejecutiva en diferentes series de televisión. Realizó el guion de seis episodios de *El comisario* y de ocho de *Cuéntame cómo pasó*. Fue nominada al mejor guion en los Premios Iris 2015 por *El Príncipe*. En 2019 fue nombrada directora de contenidos de la plataforma Netflix donde ha sido responsable creativa de la serie *Hache*.

Ignacio del Moral (San Sebastián,1957). En 1979 se enrola en el grupo Teatro Libre, dirigido por Alonso de Santos y colabora en otros grupos, siempre como actor, simultaneándolo con la escritura de sus primeras obras (en 1982 escribe *La Gran Muralla*, su primer texto teatral, Premio de Teatro Infantil sobre el Medio Ambiente del Ayuntamiento de Badajoz). En su faceta de autor teatral ha obtenido varios premios (SGAE y Carlos Arniches, entre otros). Entre sus obras más destacadas están *La Mirada del Hombre Oscuro*, que dio origen a la Película «Bwana»; *Rey Negro, La Noche de Sabina, Las Visitas deberían estar prohibidas por el Código Penal* (sobre textos de Miguel Mihura) o *Presas* (co-escrita con Verónica Fernández). A partir de los años 80 empieza a trabajar de forma asidua en la industria audiovisual, escribiendo guiones para la televisión y para el cine.

Ignacio del Moral
Verónica Fernández

sombra y realidad
(Pérez Galdós)

Esta obra se estrenó en el Teatro Español de Madrid
el 18 de noviembre de 2020 interpretada por Jesús Noguero (Don Benito),
Marta Aledo (Concha Ruth), Carmen Conesa (Teodosia),
Amparo Fernández (Doña Emilia), María Ramos (Sisita),
Diana Palazón (Fortunata/Tristana/Nela/Doña Perfecta/Mujer)
y Ainhoa Santamaría (Lorenza).

Dirección: Pilar G. Almansa.

Personajes

Don Benito
Teodosia
Nela
Concha Ruth
Tristana
Doña Emilia
Doña Perfecta
Lorenza
Fortunata
Mujer
Sisita

Escena I.

La casa de Galdós en Hilarión Eslava
3 de Enero de 1920

> DON BENITO, *anciano, sentado en una buta-*
> *ca, con una manta sobre las rodillas, dormi-*
> *ta. Se oye un piano tocar. Y de pronto, mez-*
> *clado con la música, empiezan a oírse los la-*
> *dridos lejanos de un perro.* DON BENITO *se*
> *remueve y empieza a despertarse. Ser queda*
> *a la escucha. Y poco a poco parece reconocer*
> *los ladridos.*

DON BENITO ¿Tito? ¿Es el Tito? ¿Dónde estás? (*Silba*
quedamente.) ¡Tito…! ¡Tito…! A saber dónde… ¡Tito! (*Se vuelve hacia el lateral, de*
donde sale la música, y llama, pero la voz
le sale muy débil.) Faelita… ¡Faelita! (*La*
música no se interrumpe.) ¡Faelita…! Faelita… ¿No oyes ladrar? ¡Es Tito! ¡Es Tito,
que ha vuelto! Ve y ábrele la puerta, que
hace mucho frío… ¡Faelita! Demontre de
cría… ¡Paco! ¡Paco! Pero ¿es que no hay
nadie? (*Una tos convulsa le impide seguir*
llamando. Busca a tientas y encuentra un vaso
que hay sobre un pequeño velador que tiene
a un lado. El vaso no contiene agua, sino un
líquido blancuzco. Bebe y tuerce el gesto.)
¿Qué porquería es esta? (*Entra* TEODOSIA,
sin hacer ruido. Durante unos instantes lo

contempla con ternura, y después mira a su alrededor, con curiosidad. Recorre la estancia, mirándolo todo. DON BENITO *parece apercibirse de su presencia.*) Faelita, ¿no me oyes? Creo que el Tito está ahí fuera… Le he sentido ladrar… Pobre viejo, debe estar muerto de frío, como yo… ¿dónde habrá estado todo este tiempo? ¿Cuánto tiempo hace que se fue? Porque es el Tito. Seguro que es él. (TEODOSIA, *finalmente, se acerca a él por detrás y le pone la mano en el hombro.* DON BENITO, *sobresaltado, agarra la mano con la suya. La palpa en silencio. Tras unos instantes. Habla sin volverse.*) Teo… Teo, ¿eres tú? ¿Eres tú, Teo?

TEODOSIA   Así que esta es tu casa… es tal como la imaginaba. Tal como me la habías descrito tantas veces…

DON BENITO   Teo… Mi vida… Me dijeron que estabas enferma… Quise ir a verte, pero mi sobrino, que dios confunda, no me dejó salir… Supongo que con buena intención, pero… dime algo, Teo… creí que… Me habían dicho que… no entiendo… (*Mientras él habla,* TEODOSIA *coge una silla y la lleva junto a* DON BENITO.) ¿Quién te ha abierto? No he oído llamar…

TEODOSIA   ¿Cómo estás? Parece que tienes fiebre… Le pone la mano en la frente, con ademán solícito.

DON BENITO	Sí, ando medio malo… todos andan de puntillas y hablando en voz baja… Hasta un cura quisieron traer, figúrate… Teo, qué alegría tenerte aquí… pero me dijeron que estabas muy mal… ¿estás ya mejor? ¿Recibiste mis cartas? Te he escrito varias veces, pero no me has contestado… Temí no volver a verte. (TEODOSIA *le acaricia la cara, con tristeza y cariño.*) Teo, estoy muy mal, ¿sabes? No quiero que te vayas…
	(*Con ansiedad agarra ambas manos de ella, como queriéndola retener, al tiempo que sufre un ataque de tos que le hace encogerse.* TEODOSIA *le tiende el vaso con la bebida, poniéndoselo en las manos.*)
TEODOSIA	Toma… bebe.
DON BENITO	Ese brebaje inmundo… El joven doctor Marañón parece dispuesto a envenenarme antes que dejar que me mate la enfermedad. Quiere tener la última palabra.
TEODOSIA	Bebe…
DON BENITO	No me has dicho qué estás haciendo aquí… ¿quién te ha abierto?
TEODOSIA	Tranquilo, nadie lo sabe. He sido discreta. Nadie me ha visto entrar.
DON BENITO	¿Seguro que no te ha visto nadie?

TEODOSIA   ¿Te sigue importando eso a estas alturas?

DON BENITO   No vivo solo… Teo, tú sabes como son las cosas, sabes cómo es…

TEODOSIA   Por eso nunca me invitaste a venir… No, no tienes que justificarte. Tampoco te lo pedí.

DON BENITO   No; nunca me lo pediste. Siempre fuiste admirable; también en eso. Pero hemos disfrutado mucho en nuestros viajes… y además, tenemos el piso de Chamberí. Allí es donde me siento de verdad como en casa… ¿Funciona bien la calefacción?

TEODOSIA   Sí; funciona perfectamente.

DON BENITO   Quise ir a verte la semana pasada, pero me tienen como prisionero… Teo, he estado pensando mucho, y cuando se me pase este maldito achaque, te prometo que viviremos juntos. Te he echado de menos. No es justo tenerte así. Cuando pienso en cómo hemos vivido, maldigo mi suerte, y maldigo las preocupaciones y tonterías sociales… esto no puede ser. Le pondremos remedio.

TEODOSIA   Ya es tarde para hablar de eso, maestro…

DON BENITO   ¿Por qué, mi vida? ¿Ya te has cansado de esperar? Lo entiendo. Pero te juro que…

que si no te importa tener que hacerte cargo de un viejo… (*Inquieto.*) ¿A eso has venido? A decirme que no quieres saber más de este carcamal…

TEODOSIA   Nada me habría hecho más feliz que cuidarte, te lo aseguro. Pero ya no puede ser.

DON BENITO   ¡Sí! Claro que puede ser… Viviremos los dos, trabajaremos juntos, tú seguirás leyendo mis manuscritos, me leerás los tuyos… tú, yo… y don Procopio. Echo de menos su canto.

TEODOSIA   Don Procopio murió hace años, pobrecito… los que tenemos ahora son ya sus nietos, o sus biznietos…

DON BENITO   A mi hermana no le gustaba tener pájaros en casa. Decía que ensucian mucho. Y se sigue cumpliendo su ley, aunque ella ya no esté. Así que ya ves. No puedo tener pájaros en casa. Llega uno a viejo para que lo mangoneen como a un niño. Todo el día diciéndole a uno lo que ha de hacer. Me parece estar otra vez en las Palmas. Solo me falta ver a mi madre mandándome lavar… Siempre mandándome lavar… era tremenda aquella mujer con la limpieza… ¿Sabes, Teo? Últimamente me acuerdo de aquello… de mi casa de las Palmas… Especialmente en estos días tan fríos… Este Madrid es tan frío en invierno… ese viento helado y sutil que viene de la sierra y en cuanto te descuidas ha acabado contigo… ¿Vienes bien abrigada? No debes dejar que ese frío se te meta en los huesos…

TEODOSIA   No te preocupes, no voy a coger frío.

DON BENITO   Allí apenas sabíamos lo que era el frío… Íbamos de acá para allá, mirábamos el mar desde el terrado, viendo como iban y venían los barcos… a veces nos llegaba el eco de las voces de los marinos…

TEODOSIA   Menudo pillastre debías estar hecho…

DON BENITO   No, no… yo era un niño bueno y tranquilo…

TEODOSIA   Desde chiquito las matabas callando…

DON BENITO   Mis hermanas me mimaban demasiado… Nunca dejaron de hacerlo.

TEODOSIA   Fueron tus feroces guardianas… Primero tu madre y cuando escapaste de ella, ellas vinieron detrás para vigilarte.

DON BENITO   Pobres… si te oyeran… Pero sí, fueron mis fieros cancerberos… siempre vigilando la entrada…

TEODOSIA   Nunca dejaron que nadie cruzara las puertas de tu casa… ni las de tu vida.

DON BENITO	(*Sonríe.*) Pero no me impidieron que yo cruzara otras puertas. Y bien que lo hice, a pesar de ellas.
TEODOSIA	A ellas les importaba lo que hacías en tu casa, no fuera de ella. Mientras tú andabas por ahí haciendo de las tuyas, ellas rezaban por tu salvación mientras aguardaban tu regreso.
DON BENITO	La pobre Carmen nunca perdió la esperanza de llevarme de vuelta al redil de la religión. Pero si no lo consiguió el bueno de Pereda en tantos años de amistad, me temo que nadie más podía conseguirlo. ¿Está bien tu sobrina?
TEODOSIA	Sí, muy bien.
DON BENITO	Es una gloria de niña.
TEODOSIA	Ya no es una niña.
DON BENITO	Cómo pasa el tiempo… (*Mientras hablan, el sonido del piano se ha ido apagando.* DON BENITO *parece darse cuenta entonces.*) No oigo el piano… ¿Dónde está Faelita? ¿Cuándo ha dejado de tocar? Es extraño este silencio… ¿Se han ido todos? ¿Por qué no se oyen voces, ni el ruido de la cocina? ¿Me han dejado solo? ¿Por qué se han ido todos?
TEODOSIA	Estás conmigo. ¿No te parece suficiente?

13

DON BENITO — Claro que sí, cielo mío. Pero te noto extraña. ¿Estás bien? Quise ir a verte… Tienes las manos frías, Teo. ¿Quieres que te mande hacer algo?

TEODOSIA — No te preocupes. No voy a quedarme mucho tiempo.

DON BENITO — ¿Por qué? ¿Te esperan en alguna parte?

TEODOSIA — Sí.

DON BENITO — ¿Quién te espera?

TEODOSIA — Son tantos… pero hay alguien a quien tengo especialmente ganas de ver.

DON BENITO — ¿A quién?

TEODOSIA — Al que se nos fue. Nuestro canario chiquitín.

DON BENITO — Pero nuestro canario chiquitín voló donde vuelan las almas inocentes.

TEODOSIA — Y allí espero encontrarlo.

DON BENITO — ¿Qué estás diciendo? Teo, ¿qué estás diciendo? Todavía has de vivir muchos años… no me harás la faena de irte antes que yo…

TEODOSIA — Ojalá hubiera podido esperarte. Podríamos habernos ido juntos…

DON BENITO	Teo, no entiendo de qué estás hablando.
TEODOSIA	No lo quieres entender.
DON BENITO	Me dijeron que estabas enferma… te mandé cartas…
TEODOSIA	Las recibí. Pero ya no podía contestarte… se me acababan las fuerzas.

(*Tras unos instantes.*)

DON BENITO	(*Con la voz quebrada.*) ¿Cuándo fue?
TEODOSIA	Hace tres días. La última noche del año… o la primera.
DON BENITO	No pude ir a verte.
TEODOSIA	Te esperaba. Mi sobrina mandó recado varias veces.
DON BENITO	Nada me dijeron…
TEODOSIA	Querrían ahorrarte disgustos.
DON BENITO	No pude despedirme de ti…
TEODOSIA	Por eso he venido.
DON BENITO	Tú también… como Carmen…, como Lorenza…, todas me dejáis…

TEODOSIA   No resulta muy cortés hablarme de ellas en estas circunstancias.

DON BENITO   No, tienes razón; discúlpame. Pero siempre creí que tú... que tú serías para siempre. Cuántas despedidas a lo largo de una vida. Todos se van yendo... y se queda uno despidiéndolos en el muelle cada vez más vacío.

TEODOSIA   Hasta que te llega la hora de embarcar.

                (*Empieza a oírse el ladrido a lo lejos.*)

DON BENITO   Es el Tito... tiene frío.

TEODOSIA   Te llama.

DON BENITO   ¿Nadie va a abrirle la puerta?

TEODOSIA   No quiere entrar. Quiere que lo sigas. Quiere ir de paseo.

DON BENITO   Pero yo no puedo ir con él. Hace tiempo que las piernas ya no me sujetan... (*Vuelven a oírse los ladridos del perro.*) Pobre Tito. Qué noble fue siempre.

TEODOSIA   Quiere que lo acompañes.

DON BENITO   Pero ¿cómo voy yo a...?

TEODOSIA   Apóyate en mí.

(TEODOSIA *ayuda a* DON BENITO *a levantar-se. Con dificultad,* DON BENITO *acaba en pie.*)

DON BENITO   Mi bastón… ¿dónde está mi bastón?

(TEODOSIA *se lo acerca.*)

TEODOSIA   Te llevaré hasta la puerta.

DON BENITO   ¿No vendrás tú conmigo?

TEODOSIA   Debes ir tú solo. Busca al perro, y después, deja que él te guíe.

(*Se oyen los ladridos.*)

DON BENITO   ¡Tito! Aguarda, viejo camarada, que allá voy…

(*Lentamente, el escenario va cambiando mientras se hace el…*)

Oscuro

Escena II.
Un oscuro callejón.

Oscuro. Se oyen los ladridos de Tito. *Cada vez que se repiten parecen más lejanos. Después el silencio. Unos pasos cansados lo profanan.* Don Benito *aparece con bastón en mitad de la noche. Parece cansado y desorientado. La calle es estrecha y guarece algunos muebles viejos abandonados a la intemperie de la noche.* Don Benito *se abriga y mira hacia los lados buscando el eco de algún ladrido que se ha perdido entre silencio y silencio.*

Don Benito ¡Tito, Tito! ¡Buen amigo! ¿Adónde fuiste? (*Un ruido proveniente de la pequeña montaña de enseres lo pone alerta.*) ¡Tito!, ven con tu amo, la noche está fría y desangelada. Ven, amigo, te necesito más de lo que creía para volver a casa. (*Una vocecilla dulce y desconcertante empieza a tararear una melodía.* Don Benito *se acerca, tentando con su bastón el suelo de la calle, al lugar de donde procede la música.*) ¿Quién anda ahí?

(*Una muchacha –*Nela*–, descalza y desastrada, sale de su escondite.*)

NELA   No creo que sea yo a quien busca.

DON BENITO   Si Tito hablara, no tendría tu voz; quizás más ronca, que es macho.

NELA   ¿Quién es Tito?

DON BENITO   Busco a mi perro. Se escapó de casa, no está acostumbrado a vagar de noche. ¿Lo has visto?

                (NELA *se levanta y camina alrededor de* DON BENITO, *que va girando la cabeza, tratando de seguir sus movimientos.*)

NELA   No, ya dormía cuando usted empezó a gritar y me despertó. ¿Es usted ciego?

DON BENITO   Mis ojos se cansaron de ver hace unos años. Tal vez por haber visto muchas cosas…

NELA   Así que no puede verme.

DON BENITO   La evidencia de tu afirmación ofende. ¿Cuántos años tienes, muchacha?

NELA   Dicen que tengo dieciséis.

DON BENITO   ¿Qué haces aquí? ¿No deberías estar en tu casa?

NELA	Su perro también debería estar en casa. A su perro y a mí nos gusta la noche. La noche hace ciegas a las personas.
DON BENITO	¿Te burlas de los que ya no gozamos del privilegio de ver?
NELA	No, me alegro.

(NELA *lo ha dicho con una sinceridad que sorprende a* DON BENITO.)

DON BENITO	No soy de enfadarme, pero cualquiera en mi lugar lo haría. Alegrarse de que las personas no vean… ¡y tu desfachatez te lleva a decirlo delante de un ciego!
NELA	No me entiende. Las personas que no ven con los ojos de verdad, pueden mirar con los ojos del alma.
DON BENITO	¡Una poeta vagabunda! No parece esta una buena noche para la poesía, el hielo se está apoderando de mis piernas y de mi garganta, pronto congelará cada palabra que salga de nuestra boca.
NELA	Ni poeta, ni vagabunda soy.
DON BENITO	¡Qué desabrida y extraña es esta noche! ¡Tito, Tito! ¿Dónde estás, perro indómito? (*A* NELA.) Ayúdame a buscar a mi perro y te recompensaré.

NELA   Debería usted volver a casa. El sabrá vol-
              ver solo, si es que quiere volver. Usted vá-
              yase a casa.

DON BENITO   ¿Y cómo? ¿Cómo voy a encontrar el cami-
              no de vuelta? (*Llama.*) ¡Tito! ¡Tito, ven
              aquí, perro del demonio? ¿No ves que sin
              ti no puedo volver? No tengo un olfato que
              me permita rehacer mis huellas. No sé vol-
              ver. Pero aunque supiera no volvería sin
              haberte encontrado. ¡Tito, vuelve de una
              vez!

NELA   Yo también le hablo a *Choto*. A veces los
              animales tienen mejor conversación que
              las personas, escuchan y hasta son capaces
              de darte un lametón sin que se lo pidas.
              Los perros son buenos… Si quiere yo lo
              ayudaré a buscar su casa.

DON BENITO   ¿Por qué me tratas con tanta amabilidad?

NELA   ¿Y por qué no? Le dije que me gustaban
              los ciegos y usted no se lo tomó muy bien.
              Ande, venga.

              (*Se acerca a él y lo agarra del brazo.*)

DON BENITO   ¿Cuál es tu nombre?

NELA   Marianela, pero todos me llaman Nela.

DON BENITO   Nela, Nela, ¡no puede ser!

(DON BENITO *se sobrecoge al tiempo que muestra su nerviosismo. La revelación le ha hecho sentirse más desconcertado que la propia noche.*)

NELA   ¿Qué le ocurre? ¿Me conoce?

DON BENITO   Muy bien, Nela, te conozco muy bien.

NELA   ¿Y cómo puede ser eso? No lo había visto antes. Yo vivo en Socartes, nunca había estado aquí, en este sitio que parece un mal sueño... tal vez sea eso, un mal sueño, y usted está en él.

(DON BENITO *le mira el rostro a la chica.*)

DON BENITO   ¡Qué hermosa eres! ¡Qué bella te hice!

(NELA *se torna arisca con las palabras de* DON BENITO *y se separa bruscamente de él tapándose la cara.*)

NELA   ¡Viejo sinvergüenza! ¡Se está riendo de mí! Usted ve, y ha visto mi cara deforme y mis labios torcidos. ¿Por qué se burla de mí, si no le he hecho nada?

DON BENITO   No me burlo, Nela. Cómo tú dices, hay otros ojos, los del alma y con esos te miro.

(NELA *se acerca a* DON BENITO *y le coge la mano. Se la acerca a la cara para que la toque.*)

DON BENITO *lo hace con cuidado, dejándose guiar por las manos de* NELA.)

NELA — Va a ver con sus manos como no soy hermosa. Soy fea, casi un monstruo. (*Mira hacia lo alto, como si rezara.*) ¡Madre de Dios y mía!, ¿por qué no me hiciste hermosa? ¿Por qué cuando mi madre me tuvo no me miraste desde arriba?... Mientras más me miro, más fea me encuentro. (*Llora y se golpea la cara:.*) ¡Fea! ¡Fea! ¡Fea!

DON BENITO — No llores, Nela.

NELA — ¿Para qué estoy yo en el mundo?, ¿para qué sirvo?, ¿a quién puedo interesar? A uno solo, señora y madre mía, a uno solo que me quiere porque no me ve.

DON BENITO — Me siento responsable de tu sufrimiento y te pediría perdón si pudiera. ¡Cuántas Nelas estarán llorando como tú hoy! ¿Cómo decirles a todas que la tiranía de la belleza exterior solo satisface a las personas vanas?

NELA — ¿Qué será de mí cuando él me vea y deje de quererme?... Porque, ¿cómo es posible que me quiera viendo este cuerpo chico, esta figurilla de pájaro, esta tez pecosa, esta boca sin gracia, esta nariz picuda, este pelo descolorido, esta persona mía que no sirve sino para que todo el mundo le dé con el pie? (DON BENITO *la abraza y* NELA, *como si estuviera muerta, sin movimiento alguno, se deja abrazar mientras por su rostro ruedan lágrimas heladas.*) ¿Quién es la Nela? Nadie. La Nela solo es algo para el ciego. Si sus ojos nacen ahora y los vuelve a mí y me ve, me caigo muerta… Señora mía, ya que vas a hacer el milagro de darle la vista, hazme hermosa a mí o mátame, porque para nada estoy en el mundo…

(DON BENITO, *piadoso, le ofrece un pañuelo a* NELA.)

DON BENITO   Cruel desventura amar de esa manera. Ser todo por el otro. No creo que se pueda amar de otra forma, pero tu pasión me desarma y tu llanto me clava su filo en la conciencia. Sabes tu destino, Nela, sabes que la virgen no te hará hermosa. Qué frágil amor el suyo, que se destruirá cuando entre un poco de luz en su retina. No merece tu entrega. Sabes que él verá…

(NELA *se queda callada un instante. Después con renovada energía arremete contra el frío y contra la tristeza de don* DON BENITO.)

NELA   Yo quiero que vea. Daré mis ojos para que él vea con los suyos, daré mi vida toda. Yo quiero que don Teodoro haga el milagro que dicen. ¡Benditos sean todos los hombres sabios! Lo que no quiero es que me vea a mí; no. Antes que consentir que me vea, ¡Madre

mía!, me enterraré viva, me arrojare al río…
Sí, sí, que se trague la tierra mi fealdad.
(*Seca, rotunda, sin afectación.*) Yo no debí
haber nacido.

DON BENITO   Nela, Nela… no sé dónde estoy y el camino de retorno se me antoja una respuesta
escurridiza, pero ven conmigo.

NELA   ¿Con usted?

DON BENITO   Sé mi lazarillo. ¡Qué digo! Sé mis ojos, esta
noche y todas las noches.

NELA   Yo ya tengo amo.

DON BENITO   Yo soy tu amo, Nela.

(NELA *lo mira, se separa de él y se echa a reír.*)

NELA   ¡Qué cosas tiene! Mi amo, dice. Es usted
un hombre extraño. Ciego, solo, buscando a un perro de noche… No sé muy bien
por qué le he contado mi historia. Será mejor que la olvide. Yo tengo que despertar, y
regresar a Socartes.

DON BENITO   Nela, no vuelvas. No sigas el destino impío
que yo te marqué. Ven conmigo. Me con-
tarás cómo amanece y qué forma adoptan
las nubes, quién pasa por la calle y cuántos pájaros vuelan…

NELA	Parece usted bueno. ¿Ve?, los ciegos siempre son buenos.

(NELA *camina hacia su escondrijo.*)

DON BENITO	¡Nela, Nela!
NELA	Espero que encuentre a Tito y que vuelva a casa pronto. No hace noche de andar por ahí caminando de un lado a otro. Abríguese. Rezaré por usted cuando me acuerde.

(NELA *desaparece entre los cachivaches.*)

DON BENITO	Nela, no vayas a encontrarte con la desesperación y la humillación que te regalará la luz en sus ojos. Verá y te despreciará y morirás de una meningitis fulminante, dicen, pero tú y yo sabremos que habrás muerto de tristeza. No vuelvas, Nela, no ocupes ese sepulcro fastuoso que te harán para acallar sus conciencias. Que las lápidas que te cubran no sean objeto de habladuría de algún turista inglés, que te crea una joven noble por ostentar tanto mármol blanco sobre tus despojos. (DON BENITO *se para al escuchar un ladrido lejano. Habla para sí,* NELA *no vuelve a aparecer.*) ¡Pobre Nela, lástima de no haber podido mitigar su dolor porque ahora es el mío! Qué ceguera infinita nos hace quedarnos en la exterioridad, con lo fácil que es abrirse paso

en los caminos del alma... Qué sublime egoísmo nos hace aprovecharnos del que nos ama, dejándole a su infortunio cuando ya no nos alimenta... Pobre Nela... (*Otro ladrido pone en marcha a* DON BENITO.) Ya voy, Tito, ya voy...

Oscuro

Escena III.

Un teatro vacío

> *En la oscuridad del teatro, se oye la voz de*
> DON BENITO, *que avanza en la oscuridad del*
> *patio de butacas.*

DON BENITO   Tito... Tito... (*Poco a poco se va haciendo la*
luz, que ilumina parcialmente el escenario.
DON BENITO *se detiene y se lleva la mano a los*
ojos. Después la mueve y la mira con asom-
bro. Mira uno de los focos, que parece que lo
deslumbra.) ¿Qué pasa? No entiendo...

(*Una luz más potente ilumina entonces el*
centro del escenario, revelando la presencia
de CONCHA RUTH MORELL, *que declama con*
aires de actriz mediocre[1].)

CONCHA RUTH   Yo no soy sistemática. Pero me inclino co-
múnmente a admitir lo extraordinario por-
que de ese modo me parece que interpreto
mejor la realidad, que es la gran invento-
ra, la maestra siempre fecunda y original.
(DON BENITO *avanza por el pasillo hacia el*

---

[1] Se trata de un fragmento de *Realidad* correspondiente al personaje
de «Augusta», que interpretó María Guerrero.

escenario. Camina con algo más de elastici-
dad y ya sin la inseguridad de los ciegos. CON-
CHA RUTH *sigue declamando, y él se acerca,*
fascinado, llegando hasta el pie del escena-
rio, sin ser visto por ella.) Rechazo todo lo
que me presentan ajustado a patrón, todo lo
que solemos llamar «razonable» solo para
ocultar la simpleza que encierra. ¡Ay! Los
que se empeñan en amanerar la vida, no lo
pueden conseguir. Ella no se deja, ¿qué se
iba a dejar? (*Desde el lugar que ocupa,* DON
BENITO *empieza a aplaudir.* CONCHA RUTH *sa-*
luda con una graciosa reverencia. Los focos la
deslumbran, y se hace visera con las manos
para tratar de ver a su espectador.) Gracias.
Sea usted quien sea, tiene buen gusto. ¿Qué
le ha parecido la actuación?

DON BENITO   Le pone usted mucho sentimiento.

CONCHA RUTH   Como que parece escrito para mí ¿verdad?
Pues no; el malasombra del autor lo escribió para la Guerrero. Y a mí me dio un papelito de nada. Una escenita y gracias. Nunca confió en mí.

DON BENITO   ¿Aún estás con eso, Concha?

(CONCHA RUTH *mira entonces hacia la pe-*
numbra de la platea.)

CONCHA RUTH   ¿Quién es usted? (DON BENITO *empieza a*
subir la escalera del escenario. CONCHA RUTH

se queda asombrada.) Esta sí que es buena… ¿qué haces tú aquí?

DON BENITO   Estoy buscando a mi perro…

CONCHA RUTH   ¿Aquí? ¿Acaso tienes un perro artista?

DON BENITO   ¿Cómo estás, Concha?

CONCHA RUTH   Pues depende. ¿A ti qué te parece? ¿Cómo
me ves?

DON BENITO   Muy hermosa. Como fuiste siempre.

CONCHA RUTH   Ah, tunante. No pierdes la afición.

DON BENITO   Ya lo sabes. La mujer es mi debilidad.

CONCHA RUTH   ¿La mujer? Di mejor «las mujeres».

DON BENITO   Suena mucho más vulgar.

CONCHA RUTH   Pero más exacto. Tú no eres hombre de una
sola mujer. Y bien cara te ha salido la afición.

DON BENITO   Así es; que al final me he visto en la ruina
por tratar de cumplir con todas.

CONCHA RUTH   Conmigo no cumpliste.

DON BENITO   ¿Tienes algo que reprocharme? Hice por ti
mucho más de lo que habría hecho cualquie-
ra, hasta que acabaste con mi paciencia.

CONCHA RUTH   Nunca creíste en mí como actriz.

DON BENITO   Nadie creía en ti como actriz.

CONCHA RUTH   Eso ha sido una crueldad.

DON BENITO   No, Concha. Eso ha sido recordar una verdad. Hice el ridículo por meterte a la fuerza en la compañía. Hasta escribí aquella escena para ti en *Realidad*.

CONCHA RUTH   Un papel insulso. Y después, en aquella otra obra, *Gerona*, qué. Otro papelito de nada.

DON BENITO   Que tú te encargaste de estropear. Aún recuerdo aquella frase tuya…

CONCHA RUTH   (*Declamatoria.*): «Esta noche todo me sale bien».

DON BENITO   Y todo el público se echó a reír…

CONCHA RUTH   ¡Porque era una frase absurda! ¿Me vas a echar a mí la culpa del fracaso de *Gerona*?

DON BENITO   No; no te echo la culpa de nada. Ni siquiera de los mucho perjuicios que me causaste.

CONCHA RUTH   Sí; siempre fui un incordio, ¿verdad?

DON BENITO   Algo más que un incordio. Llegaste a ser una pesadilla.

CONCHA RUTH   Dime, *chachito*, ¿te arrepientes de lo que hubo entre nosotros?

DON BENITO   Nunca. A pesar de todo, nunca.

CONCHA RUTH   ¿Alguna vez te avergonzaste de mí?

DON BENITO   Muchas.

CONCHA RUTH   ¿Y tuviste celos?

DON BENITO   Alguna vez. Ese protector que tenías..

CONCHA RUTH   Pobre Papito… qué paciencia tenía conmigo… cuando rompíamos, él siempre estaba ahí… ¿Me odiaste?

DON BENITO   Alguna vez.

CONCHA RUTH   ¿Te hice daño?

DON BENITO   No puedo olvidar las cosas que ese canalla de Bonafoux escribió sobre mí a propósito de nuestra relación… Y el joven Baroja… ¿qué tendría en contra mía?

CONCHA RUTH   Sí, creo que con Bonafoux me fui de la lengua.

DON BENITO   ¿Solo te fuiste de la lengua? Le diste mis cartas…

CONCHA RUTH   Solo algunas. Estaba muy resentida. Sola y abandonada en Bayona, con toda aquella gente de la sinagoga en contra mía… ¿Sabes que me acusaron de hacerme judía sólo para darte material para tus novelas?

DON BENITO   Eso es absurdo.

CONCHA RUTH   Ya se lo expliqué.

DON BENITO   ¿Por qué te hiciste judía?

CONCHA RUTH   Qué sé yo. ¿Acaso tú sabes siempre por qué haces las cosas?

DON BENITO   Procuro saberlo.

CONCHA RUTH   Esa es la diferencia entre tú y yo. Por eso tú llegaste adonde llegaste y en cambio yo…

DON BENITO   Tú viviste tu vida. No tienes por qué arrepentirte.

CONCHA RUTH   ¿Y tú? ¿De verdad no te arrepientes de lo nuestro?

DON BENITO   No, claro que no. Fui muy feliz en nuestro palomar.

CONCHA RUTH   Aún me acuerdo de las precauciones que tomabas para ir allí… pero era un secreto a voces…

DON BENITO	Esas cosas siempre lo son. Por mucho que uno intente mantener un secreto, al final, todo se sabe. Y más en Madrid, que, en el fondo, es un patio de vecinos. Es un mundo pequeño y chismoso. Todo el mundo habla.
CONCHA RUTH	Y tú escuchas, y así escribes tus novelas, así que no te quejes, mi africanito, que al final va a resultar que tú eres el más cotilla de todos. Que contigo tampoco hay secreto a salvo. ¿Acaso no usaste mis cartas para escribir una de tus novelas?
DON BENITO	Me inspiro en la realidad.
CONCHA RUTH	La realidad… pero mira que te gusta esa palabra. ¿Qué realidad?
DON BENITO	Solo hay una realidad.
CONCHA RUTH	¿Y cuál es? ¿La que vemos? ¿Y cómo sé yo que lo que yo veo es lo mismo que ves tú? ¿O es que acaso lo que ves tú es mas real que lo que veo yo? ¿Tu realidad es más real que la mía? Debe ser muy cómodo estar tan seguro de todo.
DON BENITO	¿Y quién está seguro? ¿Crees que yo estoy seguro de algo? Solo los tontos están seguros. Les das cuatro reglas, tres dogmas de fe y andan por la vida con el aplomo de esos pingüinos del polo…

35

CONCHA RUTH   Mi *chachito* es un inconformista… quién lo diría. Inconformista hasta el final. El inconformista laureado. Yo también fui siempre una inconformista, pero lo pagué caro. Yo no tengo tu talento, me limité a ser inconformista con mi vida. Pero para una mujer no es tan fácil, a no ser que tenga detrás un buen montón de billetes, como tu condesa.

DON BENITO   La pobre Emilia vio en ti el peligro desde el primer momento…

CONCHA RUTH   Qué mal me miraba cuando venía a los ensayos… Ay, qué bien conozco esa mirada. La mirada de la que sabe que tiene el dinero, tiene los títulos, tiene conocimientos… pero no tiene lo que de verdad vale.

DON BENITO   ¿Y qué es eso?

CONCHA RUTH   Lo que yo tengo.

DON BENITO   ¿Qué es?

CONCHA RUTH   El poder de volveros locos. Porque yo te volvía loco, ¿a que sí? Por eso estuviste ahí tanto tiempo… bastaba una letra mía y allí aparecías otra vez…

DON BENITO   Hasta que tiraste demasiado de la cuerda… y yo ya no estaba para tanto sobresalto. Porque lo tuyo era un continuo sobresalto…

CONCHA RUTH   Pero no te arrepientes…

DON BENITO   No, no me arrepiento.

CONCHA RUTH   ¿De nada?

DON BENITO   Tal vez no debí volverte la espalda al final…

CONCHA RUTH   Me convertí en una molestia… un incordio.

DON BENITO   Siento haber dicho eso.

CONCHA RUTH   Es la verdad.

DON BENITO   Pero debí pensar en lo mucho que me habías dado antes.

CONCHA RUTH   Así que yo también te di algo. No fui solo una molestia.

DON BENITO   No, no fuiste solo una molestia.

CONCHA RUTH   Ni tampoco una sangría para tu economía, ni un motivo de vergüenza, ni…

DON BENITO   No.

CONCHA RUTH   Te di algo.

DON BENITO   Sí, me diste mucho.

CONCHA RUTH   ¿Qué te di, aparte de problemas?

Don Benito   Alegría.

Concha Ruth   No está mal. Cuando llegue el juicio final y san Pedro me diga que no me deja entrar en el cielo por ser una perra judía, le diré que fui la alegría de un gran escritor. Espero que estés allí para confirmarlo.

Don Benito   ¿El cielo? Me temo que es a mí a quien no van a dejar entrar.

Concha Ruth   Entonces, yo no entraré tampoco. Nos quedaremos los dos allí, desnudos, en el valle de Josafat.

Don Benito   Es una buena idea. Sabes que me gusta el campo.

Concha Ruth   ¿Así que para eso has venido?

Don Benito   ¿Cómo?

Concha Ruth   ¿Para disculparte por haberme dejado morir sola?

Don Benito   No... no lo sé. Quizá. Fue mi perro quien me trajo aquí. Ni siquiera sabía que era un teatro. Vi un callejón... por cierto, ¿lo has visto?

Concha Ruth   ¿A quién?

Don Benito   A mi perro... Tito.

CONCHA RUTH ¿Te siguen gustando los perros?

DON BENITO Le oí ladrar en la oscuridad… y salí a buscarlo.

CONCHA RUTH Y te trajo hasta aquí.

DON BENITO Sí. ¿Qué fue lo que trajo a ti?

CONCHA RUTH No lo sé. Ya te lo he dicho mil veces, yo no siempre sé por qué hago las cosas. Pero me alegro de haberte encontrado. Me alegro de saber que al final guardaste un buen recuerdo de mí. Que alguien se alegra de mi paso por este atómico mundo.

DON BENITO Claro que sí.

CONCHA RUTH Siéntate ahí. (*Señala una silla que se revela en un lado del escenario.* DON BENITO *va hacia ella.*) Quiero que me veas interpretar. Porque yo podía haber sido una buena actriz. (DON BENITO *se sienta.*) Quiero que veas que yo podía haber hecho el papel tan bien como la Guerrero. Dame la réplica. Y soy *Augusta*, de *Realidad*. Tu dichosa *Realidad*. La escena 9 del segundo acto. Tú eres *Federico*.

DON BENITO No sé si me acordaré…

CONCHA RUTH Claro que sí. Lo escribiste tú. Vamos, entras en escena y me dices…

Don Benito
/Federico   Perdóname, vida mía, si he tardado un poco.

Concha Ruth
/Augusta   ¿Qué te pasa, qué ocupaciones… ha llegado tu papá?

Don Benito   No, mañana….

Concha Ruth   Ya sé lo de Clotildita. Me lo ha contado Manolo.

              (*A lo lejos empiezan a oírse los ladridos del perro.* Don Benito *se da cuenta, y se inquieta.*)

Don Benito   No hablemos de eso.

Concha Ruth   ¡Qué susto he pasado! Creí que no venías.

Don Benito   Por dios… ¿cómo podías suponer…?

Concha Ruth   Quita allá, embustero, farsante… (*Empieza a toser.*) A fe que estoy contenta de ti.

              (*Aumentan los ladridos del perro.*)

Don Benito   Esta mañana, cuando recibí tu carta, dije: «Paces tenemos».

Concha Ruth   Perdón habrá si sales bien del juicio oral al que voy someterte… vamos a ver…

(*Entonces, y al mismo tiempo que aumentan los ladridos del perro,* CONCHA RUTH *empieza a toser. Saca un pañuelo del escote y se lo lleva a la boca.*)

DON BENITO ¡Concha! (*Se dirige a ella. Concha sigue tosiendo. Los ladridos del perro aumentan.* DON BENITO *llega hasta* CONCHA RUTH, *la cual le entrega el pañuelo.* DON BENITO *lo coge. El pañuelo está lleno de sangre. Los ladridos aumentan su volumen hasta hacerse insoportables.* DON BENITO *se tapa los oídos. El escenario se oscurece, desapareciendo* CONCHA RUTH *y quedando solo* DON BENITO *iluminado. En sus manos el pañuelo ensangrentado. Silencio súbito.* DON BENITO *contempla el pañuelo.*) Concha...

Oscuro

Escena IV.

Iglesia

Un haz de luz corta el escenario, como si dios estuviera a punto de bajar en cualquier momento. Unos bancos vacíos en la parte oscura, quizás un confesionario en la parte más iluminada. Olor a incienso, a frío. Se oye un susurro a modo de letanía. Procede de una mujer que, con un rosario en la mano, reza con más nerviosismo que devoción cristiana. Don Benito entra en la nave. No es ajeno al murmullo. Mira hacia todos lados. Chasquea los dedos, llamando de la manera más silenciosa a Tito. Tristana, la mujer que reza, es ajena a la entrada de Don Benito y en general a cualquier cosa que esté fuera de sus pensamientos.

Tristana   Dios te salve, reina y madre de misericordia, vida, dulzura y esperanza nuestra; Dios te salve. A Ti llamamos los desterrados hijos de Eva; a Ti suspiramos, gimiendo y llorando, en este valle de lágrimas. Ea, pues, Señora, abogada nuestra, vuelve a nosotros esos tus ojos misericordiosos; y después de este destierro muéstranos a Jesús, fruto bendito de tu vientre. ¡Oh clementísima, oh piadosa, oh dulce siempre Virgen María!

3

Ruega por nosotros, santa madre de Dios, para que seamos dignos de alcanzar las promesas de nuestro señor Jesucristo. Amén. (Don Benito *escucha la voz. Se acerca un poco a* Tristana *y aguanta la respiración al verla con los ojos cerrados tan concentrada, y tan bella.*) Omnipotente y sempiterno Dios, que con la cooperación del Espíritu Santo, preparaste el cuerpo y el alma de la gloriosa virgen y madre María para que fuese merecedora de ser digna morada de tu Hijo; concédenos que, pues celebramos con alegría su conmemoración, por su piadosa intercesión seamos liberados de los males presentes y de la muerte eterna. Por el mismo Cristo nuestro señor. Amén.

(*Se hace un silencio.* Tristana *abre los ojos y se santigua para levantarse.* Don Benito *se dirige a ella. Al caminar hace ruido.* Don Benito *le chista.* Tristana *se vuelve hacia él.*)

Don Benito   Disculpe, estoy buscando a mi perro.

Tristana   ¿Un perro en el templo del señor?

Don Benito   Criatura de dios es, como nosotros, ¿no?

(Don Benito *se frota los ojos incrédulo*).

Tristana   Criatura sí es, pero no creo yo que deba estar en la Iglesia. No lo quiero yo en la ceremonia de mi boda, así que haga el favor de sacarlo de aquí cuanto antes si es que lo encuentra…

(TRISTANA *se vuelve a santiguar y se dispone a irse. Para ponerse en pie, se ayuda de una muleta que solo en ese momento se revela a los ojos de don Benito, y a los nuestros. Al caminar, la rigidez de una de sus piernas revela que se trata de una extremidad ortopédica.* DON BENITO *la contempla con sorpresa.* TRISTANA *nota su mirada y tras un primer instante en que parece avergonzarse, le devuelve la mirada con desafío.*)

DON BENITO   ¿Señorita Reluz?

TRISTANA   ¿Me conoce?

DON BENITO   Desde hace mucho tiempo.

TRISTANA   No me juzgue mal si le digo que no es sitio la iglesia para andar de cháchara. Aquí se viene a rezar, a hablar con el Señor, a pedir a la Virgen que nos haga menos desagraciados y a ungirnos las manos con agua bendita para limpiar los pecados que seguro todos hemos cometido. Además no tengo tiempo para estos divertimentos. Con dios y adiós.

(TRISTANA *empieza a alejarse.*)

DON BENITO   No te enseñó don Lope a tener tanta fe. No fue él, desde su profundo ateísmo, el que te regaló ese rosario.

TRISTANA   ¿Conoce usted a don Lope? Por la facha que tiene diría yo que fueran parientes, que se le parece mucho.

DON BENITO   ¿Nos parecemos en la estatura, en el pelo, en el bigote o quizás en el descreimiento?

TRISTANA   Hablando así, bien podría ser usted mismo, mi don Lope. No ha venido a rezar, pues lleva ya un rato en el templo de Dios y no se ha dignado a hacer una genuflexión. Lo de buscar a un perro que se le ha perdido me parece cosa de guasa… ¿Está usted invitado a la boda o alguien lo mandó para hacerse eco de cómo estaba mi persona antes de la ceremonia?

DON BENITO   Vine a por el perro. Tengo que encontrarlo. Andará aturdido. No oye bien, ya es viejo… como yo, como don Lope.

TRISTANA   Me conoce a mí, conoce a don Lope… ¿por qué no sé nada yo de usted?

DON BENITO   Ya sé que te hubiera gustado saber más de la vida. Me lo has pedido a gritos.

TRISTANA   Me está usted incomodando. Ni sé quién es, ni quiero saberlo. Su perro no está aquí.

Si no busca consuelo, si no quiere agrade-
cerle nada a la virgen, más le valdría irse
por donde ha venido.

DON BENITO   (*Sin hacerle caso.*) Qué bella eres, Tristana.
¡Qué dulzura en el rostro!

TRISTANA   Donde usted ve belleza, no hay desde hace
tiempo más que desesperación y donde usted ve dulzura, no hay más que tristeza.
(*Con evidente tristeza.*) Y esta misma tarde
me caso y no habrá más que resignación en
el altar y en mi pecho. ¿Está usted casado?

DON BENITO   No creo en el matrimonio. No me casé nunca, aunque para no faltar a la verdad, va-
rias veces estuve a punto de hacerlo.

TRISTANA   ¿Y qué pasó?

DON BENITO   Que nada tiene que ver el amor con el ca-
samiento; pero amar, amé mucho. A ti también, Tristana, a ti también.

TRISTANA   ¡Qué cosas dice! Bien sé yo que el matrimonio no tiene nada que ver con estar enamorada… ¿Sabe usted lo que es de verdad estar enamorado? No amar mucho, no… Hablo de otra cosa, de sentir un vértigo que
te desborda, de querer ahogar el sentimiento y ahogarte en él, de querer desde el momento en el que uno nace, de amar antes
incluso de conocer, de padecer las ansias

inextinguibles de un corazón sediento. No
lo quise; decir querer se me antoja poco.
Moría por él. Lo amaba más que a todas las
cosas, más que a mi propia vida. Me hubiera arrancado la otra pierna y los dos brazos sin con eso él hubiera sido más feliz.
¿Y yo que quería ser libre? Mil veces lo dije,
copiaba en mi boca las palabras de don Lope
sobre el matrimonio, decía que encadenar-
se a otra persona para toda la vida debía
ser cosa del diablo. Era joven, don Lope
me acababa de recoger, no sabía que no hay
mejor condena que el amor irredento, que
la palabra libertad me sonaba hueca, que
no entendía el discurrir de los días sin Horacio, sin mi Horacio. Ahora voy al altar de
la mano de mi protector, de don Lope Ga-
rrido. Me voy a casar con él y en mi pecho
saltan a borbotones todos los momentos
pasados con Horacio. Porque el amor que
yo sentí por él no se ha acabado. No se acabará nunca. No habrá un beso en mi boca
para don Lope, ni una caricia, ni un atar-
decer con la mirada fija en los ojos del
otro… No habrá nada. Que la Virgen me
proteja, me guíe… Yo lo hubiera querido
sin brazos, sin piernas, por él me los hubiera arrancado a dentelladas.

(TRISTANA *se emociona y calla.*)

DON BENITO   (*Afligido por la confesión.*) Concha, no llores que se me parte el alma.

TRISTANA	¿Concha? No, soy Tristana. Hace un rato dijo que me conocía. Quizás se haya equivocado. Tengo que irme, que la suerte lo acompañe y le devuelva a su perro.

(TRISTANA *empuña la muleta y empieza a caminar.*)

DON BENITO	Tristana, ese amor del que tú hablas es un amor ideal, una pasión exaltada, un insulto a lo terrenal, una ilusión…
TRISTANA	(*Riéndose se vuelve.*) ¿Ve esta pierna? Madera. Puede usted darme una buena puñada.
DON BENITO	Nunca osaría el levantarle la mano a una mujer si no es para saludarla.
TRISTANA	Pégueme, ahí en la pierna, se lo ruego. No me dolerá.

(DON BENITO *se acerca a ella y casi con vergüenza le golpea la pierna de madera.*)

DON BENITO	Me hice daño.
TRISTANA	Es de pino, maciza. Me la trajo Miquis, mi médico.
DON BENITO	Debe resultar extraño calzarse solo un pie.
TRISTANA	A todo se acostumbra una.

DON BENITO   ¿Qué pretendías haciéndome constatar que
                tienes una pierna de madera?

TRISTANA   Así debería ser toda yo, de pino, maciza,
                que se pudiera golpear, que un buen día
                me pudieran meter en un torno para ha-
                cer la pata de una mesa. No sentí perder
                la pierna: es solo una pierna; peor fue per-
                derlo a él.

DON BENITO   No te amó de la misma manera.

TRISTANA   No sé cómo me amó, ¿acaso lo sabe usted,
                don sabelotodo?

DON BENITO   Sé que el amor que tú sentiste no puede ser
                correspondido de la misma forma. No se
                puede exigir que a uno lo amen como ama,
                no se puede alimentar el alma de irreali-
                dades que suben al Olimpo a demasiados
                dioses. La realidad es por principio cruel
                y despiadada porque pone en su sitio a los
                hombres. Muchas veces preferimos conser-
                var nuestro ideal que enfrentarnos al hom-
                bre o a la mujer que es aquí abajo.

TRISTANA   (Riéndose.) Es usted el mismo don Lope, el
                mismo que me arrancó del lecho moribun-
                do de mi madre para cuidarme, el mismo
                que metió en mi cabeza que todo el mundo
                debería ser libre… Todo el mundo menos
                yo. Libre no puede ser una mujer que no
                puede ganarse la vida como un hombre. Solo

tres carreras pueden seguir las que vestimos faldas: casarse, el teatro o... ya me entiende. O si no, el convento. Opté por la primera y eso es lo que voy a hacer esta tarde. Rezar y ser una buena esposa será mi cometido.

DON BENITO   Habla el rencor.

TRISTANA   Habla la cordura.

DON BENITO   Habla el resentimiento.

TRISTANA   Habla Tristana, la señora coja, la que reza el rosario todo los días en la Iglesia de las Siervas, la que amó a Horacio sobre todas las cosas, la que tiene una pierna de madera, la que tuvo que soportar la esclavitud de un tirano.

DON BENITO   ¿No puedo hacer nada por ti?

(TRISTANA *vuelve sobre sus pasos.*)

TRISTANA   Me hubiera gustado ser actriz... Vestir ropa bonita, hablar con otra voz, mirar con otros ojos. Tener un público rendido a mis pies y una cohorte de admiradores.

DON BENITO   Yo soy autor de teatro.

TRISTANA   Viajar. Encerrada en mi habitación soñaba con viajar desde pequeña. ¿Cómo huele el mundo que hay ahí fuera?

DON BENITO   Huele a conocimiento.

TRISTANA   Hubiera estado muy bien ir de pueblo en pueblo.

DON BENITO   Con la compañía de cómicos se viaja mucho.

TRISTANA   Va a pensar que estoy loca, pero muchas veces lo he pensado…. Hasta para la política creo que yo hubiera valido.

DON BENITO   ¿Por qué no? Te hice inteligente. Haré todo lo que esté en mi mano por ti.

              (TRISTANA *ha recuperado la sonrisa. Mira al frente, intentando vislumbrar la ilusión que se le escapa de nuevo.*)

TRISTANA   Vuelve a ser don Lope. Buenas palabras, las que quiero oír, pero mojadas al momento siguiente, como un papel tirado en la calle un día de lluvia.

DON BENITO   (*Perplejo y triste.*) Antes Marianela y ahora tú. ¿Qué es lo que está pasando esta noche? ¿Por qué aparecéis todas a pedirme cuentas?

TRISTANA   Acusé durante años a mi futuro marido de mi sufrimiento, pero ahora sé que soy la única responsable. No le puedo pedir a usted cuentas de nada, ni siquiera sé quién es.

DON BENITO	Estaba dolido.
TRISTANA	¿Dolido conmigo, con don Lope, con Horacio….? Estoy empezando a creer que está mal de la cabeza. No nos conocemos y probablemente nunca nos volvamos a ver.
DON BENITO	Estaba dolido con Concha. (TRISTANA, *incrédula, espera a que* DON BENITO *hable.*) Yo también la quise con un sentimiento que me ahogaba por las noches. La veía encima del escenario tan llena de vida, tan extraordinariamente llena de vida, que no me importaba aguantar las mofas de muchos de mis compañeros por haberle procurado un papel en *Realidad*. Pero Concha no se conformaba nunca, nunca.
TRISTANA	El amor no puede ser conformista.
DON BENITO	Exigía más presencia, me pedía que le escribiera obras para ella, que todo mi ser se tornara en esclavo de sus caprichos.
TRISTANA	La esclavitud es otra cosa.
DON BENITO	Me vengué.
TRISTANA	¿Se vengó? No entiendo adonde quiere ir a parar.
DON BENITO	Te hice a su imagen y semejanza. Tienes sus ojos y sus labios.

TRISTANA   Me está dando miedo, puedo ver el dolor en sus pupilas.

DON BENITO   La castigué, te hice esclava de un hombre que velaría por ti toda la vida… ese hombre con el que te vas a casar.

TRISTANA   ¿Por qué tengo yo que pagar los pecados de una mujer que no conozco?

DON BENITO   Conoces bien su corazón.

                  (*Se oye unos ladridos lejanos.*)

TRISTANA   Tu perro ladra. Lo he oído. Rezaré para que lo encuentres.

DON BENITO   Perdóname. Yo hice que te retorcieras en tu lecho de dolor y que acabaran con tu pierna. Quería ser Horacio con toda mi alma, pero no he sido más que un Lope para ella, un Lope iracundo y herido.

TRISTANA   «¡Pobre muñeca con alas! Quiso alejarse de mí, quiso volar; pero no contaba con su destino, que no le permite revoloteos ni correrías… ¡Sujeta para siempre!».

DON BENITO   Así pensaba don Lope, así pensaba que yo podría sujetar a Concha, al menos en mi mundo literario. ¡Pobre Tristana!

TRISTANA   No se compadezca de mí y váyase ya. En-
            seguida tocarán las campanas por mi boda.
            Sujeta está la muñeca con alas. Mi destino
            estaba escrito y no voy a revolotear más,
            no vaya a hacerme daño con la correa del
            cuello.

DON BENITO ¿Me perdonas?

            (DON BENITO *ve cómo* TRISTANA *se aleja gol-
            peando el suelo con su pata de madera.* TRIS-
            TANA *ni contesta, ni vuelve la mirada para
            despedirse.*)

            Oscuro

Escena V.
Parque de «El Retiro»

A Don Benito *le ciega una luz matinal impenitente y poderosa. Es de día, se oyen pájaros y las sombras de los árboles todavía no son alargadas. Al fondo una estatua de espaldas. Se recorta en ella la figura de Galdós.* Don Benito, *aturdido por la solana, se pone la mano de visera para intentar ver un poco más allá. Después se arrodilla en el suelo, lo escruta.*

Don Benito ¡Tito, Tito! ¿Hasta aquí me has traído para burlarte? Me lo dijo Faelita… Sí, me dijo que el día que Carmen y ella te trajeron a ver mi estatua, tú levantaste tu pata y sin pudor ninguno hiciste tus necesidades sobre ella… No te rías, viejo grandullón, que sé que te escondes cerca… He visto tus huellas, las reconozco. En la pata derecha te falta una uña, la dejaste empotrada en la cuna que estaba fabricando para mi nieto…

(*Unos pasos altivos y rotundos vestidos con calzado de mujer se acercan a él. Sobre ellos la figura impenitente y poderosa de doña* Emilia Pardo Bazán, *ataviada con traje de paseo.*)

DOÑA EMILIA   (*Con tono jocoso.*) Siempre quise tenerle arrodillado a mis pies, don Benito, pero no lo conseguí.

(DON BENITO *se levanta como si le hubieran pillado en falta.*)

DON BENITO   Doña Emilia…

DOÑA EMILIA   Del realismo al naturalismo, después al socialismo, que no sé yo si también acabará siendo una corriente literaria, y de ahí… ¿qué busca en el suelo, don Benito, la esencia del futuro de nuestra literatura?

DON BENITO   Solo a mi perro. A Tito, se escapó y sus ladridos me van guiando por toda la ciudad. ¡Cuánto tiempo, doña Emilia! ¡Qué gozoso encuentro!

DOÑA EMILIA   No lo he considerado nunca un hombre vanidoso, aunque la vanidad sea uno de los pecados imprescindibles del escritor. No me cuente patrañas, vino usted a ver su estatua.

DON BENITO   ¿Mi estatua? La vi el día de su inauguración, ese Victorio es un loco maravilloso. Consiguió engañar a no se cuanta gente postulando para mi posteridad. Si mis libros acaban quemados como la biblioteca de don Quijote en manos de algún cura beligerante, quedará mi estatua. Eso decía, mientras iba de puerta en puerta pidiendo dinero para hacerla.

DOÑA EMILIA   Diríase que desde ese día de la inauguración hasta hoy no ha hecho usted otra cosa que rejuvenecer. Me contaron que estaba postrado y que tuvieron que traerle casi en volandas.

DON BENITO   Dicen bien. Los ojos con los que me mira, doña Emilia, esos me hacen rejuvenecer.

(DOÑA EMILIA *se muestra esquiva ante el acercamiento de don Benito.*)

DOÑA EMILIA   Estoy enfadada con todos. Un escritor de su talla, con una obra monumental, con una visión del mundo imprescindible para saber algo de estos tiempos… No le dieron el Nobel y todo el mundo sabe que no es justo. Me enorgullezco de haber defendido su candidatura allá donde he podido, hasta al Sumo Pontífice le hablé de usted. Me atreví a recomendarle alguna de sus obras y….

DON BENITO   Su enfado me halaga, pero no me creo lo del Papa.

DOÑA EMILIA   *(Se ríe.)* No lo hice, pero me quedé con ganas de hacerlo.

DON BENITO   Tanto más la admiré yo a usted, no sé si más como escritora o como mujer.

Doña Emilia   El halago sé que es de corazón y se lo agradezco. Nunca olvidaré sus palabras sobre mis conferencias en el Ateneo: «Es verdad que es cosa que a todos maravilla que una mujer posea aptitudes tan relevantes en todos los órdenes». A veces me pregunto, qué escritor hubiera sido de haber nacido hombre.

Don Benito   Si dijera que mejor, mentiría y si dijera que el mismo, mentiría también, decir que peor es tremenda tontería. Su talento mágico, conmovedor y poderoso reside en usted, que es mujer y condesa.

Doña Emilia   Su retórica siempre fue más implacable en la intimidad. Lo que sufría yo al saber cómo sus amigos lo ninguneaban, en el Ateneo, en la Academia, en las tertulias, en…

Don Benito   No es verdad.

Doña Emilia   Claro que es verdad. No me haga decir nombres: escritores acomodados peñas arriba, sin más horizonte que el pasado y otros, petulantes y engreídos, criticando a sus espaldas su prolijidad y su compromiso con la realidad.

Don Benito   Su vehemencia siempre me hizo reír. Doña Emilia, yo vine buscando a mi perro, ¿qué hace usted aquí?

DOÑA EMILIA   No me creería.

DON BENITO   Inténtelo.

DOÑA EMILIA   Vine a ver su estatua.

DON BENITO   Llevaba razón, no la creo.

DOÑA EMILIA   Podría haberme presentado en su casa, pero me pareció mejor venir aquí. Tenía la certeza de que le dijera lo que le dijera a su estatua, nadie me contestaría.

DON BENITO   Doña Emilia, su desparpajo y su habilidad con el manejo de la voluntad de los hombres, me hacen desconfiar de sus palabras.

DOÑA EMILIA   Un problema que he tenido toda mi vida: mi sentido del humor.

DON BENITO   ¿Un problema? Una bendición.

DOÑA EMILIA   Vine a hablarle a un Galdós mudo y eterno, pero tuve la fortuna de encontrarme con usted.

DON BENITO   Pues hablemos entonces, prometo ser mudo y eterno como mi estatua.

DOÑA EMILIA   ¿Cómo nos recordará España cuando muramos?

DON BENITO   Como lo que fuimos: dos escritores.

DOÑA EMILIA   Dos escritores que se pasaron la vida escribiendo historias para hacer despertar a una España que no quiere sino seguir siendo la misma, sepultada entre la incultura y el pesimismo.

DON BENITO   Ese pesimismo es el que hace que sea imposible la resurrección. Mirando un poco hacia lo pasado, veremos que los últimos cincuenta años del siglo anterior marcan un progreso de incalculable significación, progreso puramente espiritual escondido en la vaguedad de las costumbres.

DOÑA EMILIA   No sé dónde quiere llegar. No me puedo creer que siga confiando en que los políticos espabilen a este país.

DON BENITO   No, al contrario. Lo que quiero decir es que el país se ha mirado en el espejo de su conciencia, horrorizándose de verse compuesto por un rebaño de analfabetos conducido a la miseria por otro rebaño de abogados. Del estado se espera cada día menos; cada día más del esfuerzo de las colectividades, de la perseverancia y agudeza del individuo. Aceptamos el estado como administrador de lo nuestro, como regulador de la vida de relación; ya no lo queremos como principio vital, ni como fondista posadero, y menos como nodriza. ¿No es esto un gran progreso, el mayor que pueda imaginarse?

DOÑA EMILIA   Después de todo lo que ha escrito, de esas gentes que con su cizaña, su hipocresía y su crueldad han acabado con las buenas personas, después de tanta locura, de tantos héroes sacrificados para nada, después de conocer como nadie la historia inmediata de España, que otros cuarenta y cinco episodios nacionales podría haber escrito, me conmueve su optimismo.

DON BENITO   Debajo de esta corteza del mundo oficial y la comparsa vistosa de políticos profesionales, existe una capa viva, en ignición creciente, que es el ser de la nación, realzado, con débil empuje todavía, por la virtud de sus propios intentos y ambiciones, vida inicial, rudimentaria, pero con un poder de crecimiento que pasma.

DOÑA EMILIA   Así que llevan razón los que dicen que se volvió usted socialista. ¿Quiénes son todos eso que van a salvar a España de su ignominia?

DON BENITO   Los que se dedican a esforzarse por sobreponerse a las prácticas rutinarias en la agricultura, los que hacen nuevas formas en el arte, superando las arcaicas, los que creen estar creando una flamante pequeña industria, motor de toda sociedad moderna.

DOÑA EMILIA   Nunca seremos Francia, ni Alemania, ni la bella Suiza.

DON BENITO   Embelleceremos España, traeremos agua a las áridas estepas. En nombre del bienestar público y de la belleza, no queremos fealdad en ninguna parte, sino hermosura que nos enamore de nuestros campos, para que en ellos podamos vivir y gozar de cuanto da la Naturaleza. Un país reconcentrado en poblaciones oscuras y pestilentes, es un enfermo de congestión crónica. La vida se estanca, la sangre no circula, y el tedio urbano, grande dolencia, estimula todos los vicios.

(DOÑA EMILIA *lo mira con toda la admiración de la que es capaz.* DON BENITO *parece más joven y más dinámico con el discurso.* DOÑA EMILIA *se separa de él y la luz del día se torna penumbra que envuelve a* DON BENITO. DOÑA EMILIA *habla sin que* DON BENITO, *embebido en su discurso, la oiga.*)

DOÑA EMILIA   Mi querido amigo y maestro, amigo querido, mi ratón, mi vida, amigo del alma, miquiño, cariño, amado roedor mío, querido de mi corazón, mi querido compañero, mi dulce bien, miquito amado, mi siempre amado… tantas cosas te llamé, que la lista podría continuar hasta el infinito. Te escribo la última carta, la última que uno de mis criados llevará a tu casa, con el secreto de siempre, con la inquietud de antaño, con el amor que todavía arde en mi pecho. Maestro fuiste, admirado y querido.

Después se abrió paso el compañerismo y la amistad. Las letras amables, el encuentro en la vida literaria, el común entendimiento de la novela, el subir en el mismo barco, el navegar remando con diferentes remos pero en la misma dirección. Poco tardó la pasión en hacerse hueco entre nuestra complicidad y nuestra amistad. Fuimos amantes y amados, sujetos y objetos de la pasión. ¡Escanciamos el licor de amor y nos lo bebimos a sorbos! Insaciables los dos, plenos momentos que recuerdo como almas libres encadenadas por la voluntad y por la deliciosa tarea de buscarse y encontrarse. Hoy llegaré tarde a la cita. Espérame. No puedo vivir sin ti, me aburro mucho en este hotel de París. No, nadie me ha visto. No tardaré en contestarte. Gracias por tus comentarios sobre las notas que te envié de mi nueva novela. No tengo tiempo, almita, para contestar al resto de tu carta. No viniste, quizás porque no pudiste, quizás porque mi confesión te haga creer que no merezca la dicha de hablarte de nuevo y de pedirte perdón. Te quiero mucho. Un beso, nuncio de otros. No me quieras mal. Quiéreme mucho y dispénsame por unos días, pocos ya, a tu Porcia. Te abrazo con toda la fuerza de mis brazos. Adiós, cariño, adiós.

(*La luz regresa con toda su fuerza.* DON BENITO *sigue hablando de España.*)

Don Benito   Como el agua a los campos, es necesaria la educación a nuestros secos y endurecidos entendimientos. Han dicho que no deseamos instruirnos, puesto que no pedimos la instrucción con el ansia del hambriento…

(Doña Emilia *lo interrumpe a su pesar.*)

Doña Emilia   Lo siento, se me hace tarde. Me estaría la mitad de mi vida escuchándole. La otra mitad la pasaría escribiendo todo lo que aprendí oyéndole.

Don Benito   Discúlpeme, se me fue el santo al cielo. Creo en este país, sueño con verlo fuerte y robusto como un gigante alemán, con la personalidad francesa, con la belleza suiza.

Doña Emilia   Le honra su sueño. Me encantó verle, tan grandullón como siempre, con esa mirada azul perdida en mil pensamientos. (*Mira hacia los lados.*) Se oye gente. Había niños alrededor de su estatua, espantando pájaros, deben de ser ellos.

Don Benito   Fue un placer verla de nuevo. Le parecerá una tontería, pero a menudo leo *Insolación*.

Doña Emilia   Y yo, *Incógnita*.

(*Los dos ríen.* Don Benito *se acerca y la abraza.* Doña Emilia *se sorprende pero lo abraza a su vez.*)

DON BENITO	Me dolió esa puñalada. Lázaro Galdiano, más joven, más apuesto, más divertido… Lo sé, no tengo derecho a reprocharte nada.
DOÑA EMILIA	Sufrí y disfruté mi insolación. ¡Qué hacer contra la impetuosa atracción de los cuerpos! No lo amé, lo deseé y por ello te pedí perdón.

(Los dos se separan, pero DON BENITO *conserva la mano de* DOÑA EMILIA *en su mano.)*

DON BENITO	Y te perdoné. Quizás por eso te perdí.
DOÑA EMILIA	Amaste a muchas, antes y después.
DON BENITO	Amé y punto. ¿Amaste tú?
DOÑA EMILIA	*(Irónica.)* A muchos.
DON BENITO	Amaste y punto.
DOÑA EMILIA	*(Riéndose.)* Estuve más de dos años evitando las conversaciones en las que se hablaba por casualidad de Frankfurt. Se me erizaba la piel.
DON BENITO	*(Coqueto.)* No fue solo allí.
DOÑA EMILIA	Fue una noche gloriosa.

DON BENITO ¿Y en París? ¿Y en aquel hotel de Zurich? ¿Y aquel beso a la orilla del Sena y aquella cena en…?

(DOÑA EMILIA *lo besa para que calle. Se funden en un beso. Ella de repente se aparta.*)

DOÑA EMILIA Lo siento, pueden vernos.

DON BENITO Emilia, no te vayas.

DOÑA EMILIA Me voy, como me fui siempre, a hurtadillas, intentando dejar en ti una huella indeleble. Me voy, como me fui de todos y cada uno de los lugares en los que nos encontramos, como me fui de tu vida diaria un día, de tu correo…

DON BENITO Siempre estuviste.

DOÑA EMILIA Adiós, miquiño, decirte que te quiero es casi no decir nada y no decirlo, me acabaría quemando en la boca.

(DOÑA EMILIA *se va.* DON BENITO *la sigue un poco pero la pierde al momento.*)

DON BENITO Porcia, amada mía, compañera del alma, querida mía, ratonciña, miquiña, Matilde, no podré ir como te prometí, algunos asuntos me retienen aquí. Leí las crónicas que me mandaste, como siempre poderosas y mágicas. Tienes un talento increíble y sobrecogedor. Te confiesas y abres el alma en canal. Mentiría si te dijera que no me producía un dolor en el pecho imaginarte con el joven Galdiano. No, no es por bondad. Mi perdón es verdadero, aunque creo que no se puede perdonar algo que se ha hecho a conciencia. Perderte no está dentro los designios de mi corazón. Nunca podré guardar de ti un odioso recuerdo, porque seguiré queriéndote. París, ¡qué hubiera sido París sin ti! Mirarte y entenderte, escucharte y conocerte, reírme con tu carácter pendenciero, con tus enfados exagerados y galantes. Embozados en mi capa te recordaré siempre, apretados en los vagones de tren alemanes, corriendo en la lluvia en las angostas calles de Pigalle, enzarzándonos en discusiones circulares sobre mi amigo Pereda. Guardaré en el embozo de mis afectos a tu hijo Jaime, que tanto me admiró y al que de vez en cuando le mandaba unas letras de agradecimiento. De haber tenido dos vidas, una entera la hubiera pasado a tu lado, viajando y charlando bajo mi capa. Minina, Porcia, mi vida, mi compañera del alma, mi amada, me quedo con el beso que prometía quitarme una guía del bigote, o con aquella *postdata* que amenazaba con hacerme desaparecer media mejilla... tu pasión me alimentó el espíritu tanto que hoy al recordarla me siento aquel hombre que fui, grandullón y tímido a partes iguales. Adiós, Emilia, adiós y gracias.

Oscuro

Escena VI.
El huerto de Doña Perfecta

> Don Benito *camina en la penumbra. Una figura oscura se pone ante él. La voz de* Doña Perfecta *lo interpela.*

Doña Perfecta ¡Alto! ¿Quién vive?

Don Benito Gente de paz.

Doña Perfecta Acérquese, que lo vea.

> (*Al tiempo que* Don Benito *se acerca, se va iluminando la figura de* Doña Perfecta, *revelándose como una mujer vestida de negro y aspecto severo, que lleva una escopeta.*)

Don Benito ¿Ese arma está cargada?

Doña Perfecta Sería inútil si no lo estuviera, ¿no cree?

Don Benito Su sola vista espantaría a cualquiera.

Doña Perfecta ¿Qué busca usted en mi casa?

DON BENITO   ¿Es su casa? Le ruego me perdone. Habré traspasado los límites sin darme cuenta. En la oscuridad…

DOÑA PERFECTA   En la oscuridad es como vienen los ladrones.

DON BENITO   ¿Me toma por un ladrón? ¿Lo parezco?

DOÑA PERFECTA   Es usted quien dice eso, caballero. Pero estará conforme conmigo en que a estas horas y en la oscuridad por lo general no se busca nada bueno.

DON BENITO   Busco a mi perro.

DOÑA PERFECTA   ¿Y cree que lo tengo yo?

DON BENITO   Acaso se ha metido en su huerto. ¿Lo ha visto usted?

DOÑA PERFECTA   Yo no he visto nada. ¿Está seguro de que viene usted solo?

DON BENITO   ¿Con quién habría de venir? ¿Espera usted a alguien?

DOÑA PERFECTA   Yo siempre espero.

DON BENITO   ¿Qué espera usted?

DOÑA PERFECTA   Lo peor. Lo peor siempre está por venir.

DON BENITO   ¿Y cree que lo peor ha de llegar encarnado en la figura de un paseante?

DOÑA PERFECTA   El mal tiene mil caras. La de un apacible y educado caballero puede ser una de ellas. La de un joven apuesto y culto puede ser otra. Sea como sea, no me cogerá desprevenida, como la otra vez. A punto estuvo de infiltrarse en lo más profundo de esta casa. Pero no lo dejé. Ah, no, no, no lo dejé.

DON BENITO   ¿Qué clase de mal espera usted?

DOÑA PERFECTA   Mal solo hay uno. El que destruye las conciencias. Y con ese, viene todo lo demás: la descomposición moral, el desorden, el pisoteo de las tradiciones, los falsos ídolos…

DON BENITO   Lo que usted pinta está cerca del apocalipsis.

DOÑA PERFECTA   No se burle, caballerito… sé de lo que hablo. Y no pienso dejar que de nuevo se me cuele el diablo en la alcoba. Si le parece cosa de risa, una de dos, o bien es usted un necio, o bien le complace a usted que tal cosa ocurra.

DON BENITO   Ni una cosa ni otra, señora. Pero dígame con qué clase de demonio tuvo usted que verse y qué hizo para librarse de él.

DOÑA PERFECTA   El demonio siempre es el mismo, y busca el mismo botín: hacerse con la voluntad de los hombres y robar las almas buenas. Pero tiene mil medios y mil caras para hacerlo. Y sabe cuál es nuestro flanco más débil.

DON BENITO   ¿Y cree usted que una escopeta es el mejor medio para ahuyentar al demonio, que según tengo creído, no es espíritu mortal?

DOÑA PERFECTA   Si no al demonio, sí a sus enviados. Porque Satanás se sirve de mortales impíos para hacer su labor. Y contra estos sí sirven la bala y la pólvora. Yo soy mujer de paz; hubiera querido evitar la violencia, pero Dios escribe recto con renglones torcidos. Que Él perdone al desdichado. A veces pienso que quizá no era del todo consciente de que estaba al servicio del maligno. Tan ingenuo parecía y tan entusiasta en sus razonamientos, tan encandilado por la falsa luz de la ciencia, tan seguro de que podía explicar el mundo sin Dios... y todo lo decía con aquella sonrisa... sí, a veces hasta me parece inocente...

DON BENITO   ¿De quién habla?

DOÑA PERFECTA   (*Que no parece haberle oído.*) Pero si después de todo era más justo que pecador, pienso que Dios sabrá reconocerlo y lo acogerá en su seno. Y en cuanto a mí, si merezco castigo, ya lo estoy padeciendo, que mi pobre hija no volvió a ser la misma desde aquella fatídica noche.

DON BENITO ¿Quién era él? ¿Qué sucedió?

DOÑA PERFECTA Sangre de mi sangre era, hijo de mi hermano. Y como a hijo propio lo acogí, y más aún teniendo en cuenta que venía con la intención de casarse con mi Rosarito…

DON BENITO Su hija de usted…

DOÑA PERFECTA Mi hija, que desde entonces vaga como una loca por la casa… que ya ni me habla ni me reconoce…

DON BENITO ¿Mató usted misma al joven?

DOÑA PERFECTA Quiá, no, por dios. Afortunadamente hay hombre valientes y abnegados en Orbajosa, que por defender el honor de esta casa, supieron estar a la altura. Un disparo se oyó en la noche. Quién lo hizo, nadie lo sabe ni a nadie le importa. Las autoridades que llegaron de Madrid no pudieron llegar a ninguna conclusión. Eran días confusos. Había soldados en la villa, y a nadie sorprende que pasen esas cosas. Desdichado. Desde el primer momento husmeé el azufre por detrás del olor a jabón de olor que traía.

DON BENITO Tal vez lo juzgó usted mal. Quizá su intención era buena.

DOÑA PERFECTA De buenas intenciones está empedrado el infierno. ¿Qué sabe usted? Desde que llegó mostró su desprecio por nuestra ciudad, por nuestros principios, que no son sino los de nuestra civilización y nuestra patria. Para él la tradición, la religión, el orden moral no eran sino estantiguas, cacharrería de la que hacer almoneda. Hasta nuestra catedral habría dinamitado si lo hubiésemos dejado, para hacer en su lugar… qué sé yo, una fábrica o una avenida. Decía que Orbajosa es un lugar atrasado… que veía pobres. «Para eso está la caridad», le decía el buen don Inocencio. Pero él, no; el señorito traía ideas sociales. ¡Sus ideas sociales, su ciencia! ¿Sabe que defendía la teoría de que nuestros primeros padres no fueron Adán y Eva, sino quién sabe qué malolientes monos de alguna selva?

DON BENITO Eso parecen creer algunos científicos.

DOÑA PERFECTA Mire usted, don como se llame… tal vez usted proceda de algún sucio mono, y si así le complace creerlo, que le aproveche. Pero en mi árbol genealógico no hay monos, sino hombres y mujeres honrados y de honor, que supieron servir a su patria y a su religión y a defenderlos cuando se presentó la ocasión. Y más de una y más de cien gotas de sangre de mi familia se han derramado para oponerse a los que como usted y los de su ralea han pretendido venir a imponernos sus ideas y su impiedad. Ah, con razón se me erizaron los vellos cuando lo vi aparecer… y a falta de varones, no dudé en coger yo misma la escopeta. Y no vacilaré en ser yo misma quien dispare si ahora mismo no da usted media vuelta y se vuelve por donde ha venido.

DON BENITO   Sin duda usted es doña Perfecta…

DOÑA PERFECTA   La misma.

DON BENITO   Es tal como la imaginé. Pero siempre me la figuré más sosegada en la expresión.

DOÑA PERFECTA   Ya se lo dije, soy mujer de paz, y no me gustan las confrontaciones. Pero tuve que cambiar. Aguanté mucho las ofensas de mi ingrato sobrino, no crea. Lo defendí de los ataques de mis paisanos, en atención a nuestro parentesco… ¿y de qué me valió? ¿Sabe usted que intentó entrar saltando las bardas del huerto como un ladrón para llevarse a mi hija… a mi pobre Rosario? Y yo soy madre. ¡Antes que nada, soy madre!

DON BENITO   Sí, me recuerda usted a la mía.

DOÑA PERFECTA   ¡Y una debe proteger a sus hijos contra
                 el mundo! ¿No se da cuenta de que jun-
                 to a ese joven mi Rosarito iba a perder su
                 alma? ¡Yo no podía consentir eso! No po-
                 día consentirlo.

DON BENITO   Lo mismo dijo mi madre. Hizo lo impo-
                 sible por alejarme de… nunca se lo per-
                 doné.

DOÑA PERFECTA   ¿Y quién es usted para juzgar a su ma-
                 dre? Ella hizo lo que pensó que era me-
                 jor para usted. Y una madre nunca se
                 equivoca.

DON BENITO   La muchacha estaba enamorada de su
                 primo…

DOÑA PERFECTA   ¡Enamorada ¡Bonita palabra! ¿Enamora-
                 da una joven inocente, que no conoce del
                 mundo más que cuanto contienen las pa-
                 redes de esta casa y las calles que condu-
                 cen desde aquí hasta la catedral? Cuatro
                 palabritas de aquel figurín bastaron para
                 rendir a la pobre corderita. ¿Y después
                 qué? Una vida cada día más alejada de
                 Dios. ¿Cree que podía dejar que se la lle-
                 vara? Podía permitir que la alejara de mí;
                 al fin y al cabo es ley natural que las hi-
                 jas abandonen la casa de sus madres, pero
                 ¿abandonar a Dios? ¿Renunciar a todo lo

que le he enseñado, a los principios que son nuestra gloria y nuestro destino? ¡No, caballerete, no! Ya he visto que usted sabe quién soy. Sin duda habrá preguntado. Pues bien, estoy segura de que le habrán informado de quién soy.

DON BENITO   Doña Perfecta.

DOÑA PERFECTA   Doña Perfecta, sí. La salvaguarda de la honra no solo de su casa, sino de toda esta ciudad de Orbajosa. Y a pesar de los embates de los impíos, y de las insidias que se abren paso de la mano de la supuesta modernidad, y a pesar de las traiciones, sé que no estoy sola.

DON BENITO   No, no está usted sola. Hay muchos hijos de Orbajosa dispuestos a defender con la vida las viejas ideas, y a resistir frente a conceptos como cultura, justicia social, ciencia… La luz del progreso lo tiene difícil para iluminar las callejas estrechas de esta vieja ciudad de Orbajosa y de todas las Orbajosas que aún hay en España.

DOÑA PERFECTA   No necesitamos más luz que la de la fe, ni más justicia que la que sabe poner a cada uno en su lugar, ni más cultura que la tradición. Pero ¿qué pretenden ustedes? ¡Y todavía le sorprende que la paloma que yo era se haya transformado en feroz águila! No, señor, no. Aquél José

Rey, que dios confunda, se reveló como lo que era: una avanzadilla del demonio. Y así lo digo, a pesar del amor que siento por mi pobre hermano, que sin saberlo crió aquella serpiente en su seno. Me dejé engañar por un instante, aunque en seguida olí el azufre. En seguida olí el azufre. Pero no me vuelven a coger desprevenida. ¡Váyase! ¡Vuelva a las sombras de las que salió! ¿A qué ha venido?

DON BENITO Ya se lo dije… solo busco a mi perro.

DOÑA PERFECTA A su perro… pues aquí no está. Y más le vale no aparecer. Si lo encuentra, más le vale que lo ate corto, por su bien. Ni usted ni nada de lo suyo son bienvenidos a esta casa. (*Se echa la escopeta a la cara.*) ¡Váyase! ¡Váyanse todos ustedes! Y déjennos en paz. No tienen nada que enseñarnos, ni queremos nada de lo que puedan traernos. ¡Orbajosa no los necesita! ¡Vayanse! ¡¡Váyanse!!

DON BENITO Tenga cuidado, señora que las armas las carga el diablo.

DOÑA PERFECTA ¡No! ¡Algunas las carga Dios, si están puestas al servicio de su santa causa! (*Se oyen los ladridos del perro. Inmediatamente,* DOÑA PERFECTA *se gira hacia el lugar del que proceden los ladridos y dispara. Se oye un aullido y los gañidos del perro que se* *van alejando.*) ¡Corra tras su perro! ¡Corra y no vuelva!

DON BENITO   Está usted loca…

DOÑA PERFECTA   Vete de aquí, Pepe Rey… ¡Vete antes de que te vuelva a matar, esta vez con mis propias manos! ¡Porque tú me has quitado a mi hija… ¡me la has quitado para siempre! ¡¡Vete!! ¡¡Vete!! (DON BENITO *se aleja con paso ligero.*) Eso, huye… ¡huye, como un conejo! (*Doña Perfecta, riendo, dispara al aire.*) ¡Huye! ¡¡Huye!!

Oscuro

Escena VII.
Calabozo

Dos calabozos separados por una reja. A un lado una mujer con una pañoleta que le cubre la cabeza y los hombros. LORENZA COBIÁN, *sentada en un escabel, meciéndose. Al otro lado,* DON BENITO, *inconsciente, tumbado en el suelo.* LORENZA *canta una nana asturiana, susurrando.*

LORENZA   Duermete, fíu de l'alma
Que vela'l to suañu
Palombina de blanco
Que non tien aleru.
Agora non
Agora non, mio neñu
Agora non
Si viviera to padre
Que yera tan buenu
Collarinos de plata
Punxérate al cuellu.
Agora non
Agora non, mio neñu
Agora non.

(DON BENITO *se despierta. Oye el final de la nana. Mira hacia ambos lados, ve a la mujer medio acurrucada a través de las rejas que los separan.*)

DON BENITO   ¿Dónde estamos?

LORENZA   ¿Ande íbamos a estar? En el infierno, estamos en el infierno.

DON BENITO   (*Irónico, levantándose.*) Al final los curas iban a tener razón… No veo las llamas, ni las calderas de Botero, ni el tridente del diablo…

LORENZA   Pa mí que el infierno puede ser de muchas maneras.

(DON BENITO *se acerca a las rejas que lo separan de* LORENZA.)

DON BENITO   No puede ser, no puede ser… no sé qué extraño camino ha tomado Tito que me hace pararme en estaciones imposibles.

LORENZA   ¿Ha bebido, no? ¡Buena cogorza que me trae!

DON BENITO   ¿No me conoces?

LORENZA   (*Sin mirarlo y sin acercarse.*) Pues no, ¿tendría que conocerlo?

DON BENITO   Soy Benito.

LORENZA   El de los libros… No soy yo mujer de li-
                 bros. Nunca he leído ninguno. Ni suyo, ni
                 de nadie.

DON BENITO   Así me contestaste en Santander, el día que
                 nos conocimos.

LORENZA   Y sin leer un libro me he de morir, porque
                 no sé juntar las letras.

DON BENITO   ¿Cómo no has de saber, si yo mismo te
                 enseñé?

LORENZA   No me gustan los libros. Solo dicen men-
                 tiras.

DON BENITO   Lorenza, acércate para que te vea. No me
                 contestaste las últimas cartas y nuestra hija
                 me dijo que andabas un poco revuelta.

LORENZA   La niña solo tiene boca para hablar de su
                 padre. Se le cae la baba.

DON BENITO   Ven, acércate. ¿No te alegras de verme?

                 (DON BENITO *se acerca a la reja y extiende
                 las manos entre ellas para animar a* LOREN-
                 ZA *a acercarse a él.*)

LORENZA   ¿Y por qué había de alegrarme?

DON BENITO   ¿Y por qué no?

LORENZA   ¿Y por qué sí?

DON BENITO   Eres tú sin duda. Esa tozudez tuya en lle-
                 varme la contraria.

LORENZA   La niña solo tiene boca para hablar de su
                 padre. Se le cae la baba.

DON BENITO   Me parece bien que María hable de mí y
                 que hable bien. La quiero más que a mis
                 entrañas y que ella lo note me enorgulle-
                 ce. Lleva días preocupada, dice que no qui-
                 siste ir a Asturias y que te pasas el día en-
                 cerrada, sin hablar con nadie.

LORENZA   La niña solo tiene boca para hablar de su
                 padre. Se le cae la baba.

DON BENITO   (*Un poco molesto con la cantinela.*) ¿Y esta
                 mal que una hija quiera a su padre y se le
                 caiga la baba hablando de él?

LORENZA   No.

DON BENITO   Ven, acércate, quiero ver esa melena que
                 tantas veces he soñado. María dice que te
                 peina por las noches, que te gusta que lo
                 haga. Quiero hacerme con todos los retra-
                 tos que te hicieron en tu época de modelo
                 de pintores. Quiero recuperarlos, ¿quieres
                 que lo haga?

LORENZA   No. No me gusta verme como era.

DON BENITO   A María le gustará. Yo le he contado lo bella que eras, la belleza salvaje que emanaba de esa cabellera. Tu pelo negro, casi azul, brillante...

LORENZA   Ya no hay nada. Nada.

(LORENZA *se quita el pañuelo de la cabeza y se acerca a él. Se arrodilla furiosa delante de él y lo obliga a tocarle la cabeza. En efecto, no hay melena. Solo una cabeza trasquilada.*)

DON BENITO   ¿Qué has hecho?

LORENZA   Se quedó sin pelo, «la Peluda». ¿Así me llamaba tu condesa, no?

DON BENITO   Lorenza, ¿por qué has hecho eso?

LORENZA   ¿Y por qué no?

DON BENITO   No empecemos otra vez. La niña no puede verte así. No puede. ¿Qué va a pensar?

LORENZA   Pobre María... No soy buena para ella.

DON BENITO   La mejor madre has sido.

LORENZA   Tampoco era buena para ti.

DON BENITO   ¡Qué extraña manera de flagelarte has elegido! Te mientes y nos cargas con la culpa de tus mentiras. Gozoso estuve toda mi vida de haberte conocido, de haber engendrado aquel hijo que se nos murió, de haber conseguido traer al mundo a esa bendición del cielo, que es nuestra niña... Mil veces te pedí que te casaras conmigo y mil veces dijiste...

(Lorenza *lo interrumpe con ira.*)

LORENZA   No, no, no y no... No soy buena para ti.

(Don Benito *la agarra por los brazos entre las rejas. Se acerca a ella todo lo que puede.*)

DON BENITO   Desde la primera noche, me repites esas palabras. Te enseñé a leer y a escribir porque creía que te sentías inferior al ser analfabeta. Quise que entraras en mi casa y conocieras a mis hermanas, pero desapareciste durante meses y durante un año no quisiste verme.

LORENZA   ¡Quia! Yo no soy fina, ni nunca he querido serlo. ¿Para qué iba a ir a tu casa, para que se rieran de mí?

DON BENITO   No se ríen de María, nadie se ríe de nuestra hija.

LORENZA   Porque esa ha salido a ti. La condenada ya era educada desde la cuna. Ha salido a ti, es igual que tú.

DON BENITO   Escucha, Leré, jamás le pedí matrimonio a ninguna otra mujer, solo a ti.

LORENZA   ¿Y por qué no? Calentaban tu cama por cientos, haberte casado con todas.

(LORENZA *muerde a don Benito en la mano para deshacerse de su abrazo.*)

DON BENITO   ¿Qué haces? No eres un perro, para que andes mordiéndome.

LORENZA   Vete.

DON BENITO   ¿Por qué estás aquí? ¿Qué hiciste? ¿Mordiste a alguien?

LORENZA   Vete, vete, vete.

DON BENITO   Estoy en este infierno, contigo, Leré.

LORENZA   No me llames así.

DON BENITO   Antes te gustaba.

LORENZA   Antes, antes, antes. No tengo melena, no quiero casarme, no he leído un libro en mi vida. No soy tu Leré, esa que se va a un convento y el loco de su amo va a buscarla.

DON BENITO   Leíste el libro.

LORENZA   No… Me lo contaron. Me contaron que ha-
               blabas de mí, de mis hermanos muertos. Yo
               no soy Leré, no soy una de tus fantasías.

DON BENITO   Prefiero creer que sí, que esto es una fan-
               tasía, que nunca estuviste en este calabo-
               zo y que esa melena tuya cae todavía por
               tus hombros.

LORENZA   ¿Qué sabes de la vida? No sabes nada.

DON BENITO   ¿Por qué me odias?

LORENZA   No te odio, te tengo pena.

DON BENITO   ¿Por qué?

LORENZA   Por no tener una familia.

DON BENITO   La tengo. Tú, María, mis hermanas, Faeli-
               ta… incluso Tito es parte de mi familia.

LORENZA   Fantasías, todo fantasías. ¿Me pediste que
               me casara contigo? ¿Y qué hubiera pasado
               si lo hubiera hecho? ¿Me hubieras tenido
               atada a la pata de la mesa mientras tus fan-
               tasías calentaban tu cama? Calentaban tu
               cama por cientos, ¿por qué no te casaste
               con todas?

DON BENITO   Otra vez con lo mismo, endemoniado ri-
               tornello. Te confundes. Solo tú eres la ma-
               dre de mi hija. Si te hubieras dejado, te hu-

biera querido más y mejor, te hubiera protegido, te hubiera puesto en el lugar que debe ocupar la madre de mis hijos.

LORENZA   ¿Y qué lugar es ese? ¿Un trono?

DON BENITO   Quizás un trono no sería suficiente. Hubiéramos visto crecer juntos a María.

LORENZA   ¿Cómo hubiera escrito usted tanto, señor escritor, teniendo a su Leré en su cama?

DON BENITO   Bueno, quizás sobran la mitad de los Episodios Nacionales.

(Los dos se miran y DON BENITO *ríe. Contagiada por la risa,* LORENZA *ríe también.)*

LORENZA   He sido libre para nada.

DON BENITO   Has sido libre para ser libre. (*Unos ladridos se oyen fuera.* DON BENITO *parece reconocerlos.*) Es Tito, podría reconocer ese ladrido en cualquier parte.

LORENZA   La niña solo habla de ti.

DON BENITO   Llevo mucho tiempo buscándolo. Se escapó de casa.

LORENZA   La niña te tiene en un pedestal.

DON BENITO   No sabe volver a casa.

LORENZA   Ella es como tú, igual que tú.

                 (DON BENITO *se acerca a un ventanuco al fon-do de su calabozo. Se asoma para ver a su Tito. Se oyen más ladridos, de otros perros furibundos.*)

DON BENITO   Lo veo, lo puedo ver. Tito, Tito. Lo está aco-sando una jauría. Tito no sabe defenderse. Es todo bondad.

                 (LORENZA *dobla el pañuelo con cuidado y no parece escuchar lo que le dice* DON BENITO.)

LORENZA   Ella no quiere ser libre.

DON BENITO   Tito, no ladres, quédate quieto. No te mue-vas. Si no te mueves, creerán que no tienes miedo.

LORENZA   Ella tiene miedo, como tú.

DON BENITO   No te muevas. Tito, hazme caso, soy yo, tu amo.

LORENZA   Ella tiene un amo. Es tu hija. María es tu hija. Es tuya.

DON BENITO   ¡Tito! ¡Resiste! ¡Resiste quieto, sin hacer rui-do! ¡No, no sucumbas a la tentación de en-frentarte. Son muchos. Te comerán. El más fiero clavará sus colmillos en tu cuello. Al olor de la sangre acudirán los demás…!

LORENZA	Cuídala. No tiene boca nada más que para hablar de su padre. Se le cae la baba.

(DON BENITO *sigue mirando a Tito.*)

DON BENITO	¡Tito, huye ahora! ¡¡Huye!! Los distrajo ese otro perro. Da gracias a quien haya que dárselas de que ese otro perro se cruzara en tu camino. Valiente idiota, se ha puesto a ladrarles y al final la jauría ha cambiado de objetivo. Corre, Tito, es de valientes salvar la vida, es de valientes correr sí corriendo se esquiva la estupidez. Es de valientes vivir. ¡Huye, Tito! (*Se vuelve hacia* LORENZA.) Escapó.

(*En ese momento, Benito repara en un periódico que hay en un rincón. Lo abre. Se trata de la* Correspondencia de España.)

VOZ	(*En Off.*) «Suicidio de una loca. En el gobierno civil ocurrió en la madrugada de ayer un lamentable suceso, que revela la poca vigilancia que en aquel centro tienen con los detenidos, y mucho más cuando se trata de personas que por sus condiciones especiales merecen ser atendidas con especial cuidado».

(*Mientras* DON BENITO *lee,* LORENZA *se sube al escabel y se prepara para ahorcarse, atando el pañuelo a la reja de la ventana.*)

Don Benito   «El inspector de policía que presta sus servicios en la estación del Norte detuvo anteanoche a una pobre mujer que intentó arrojarse sobre la vía al paso de un tren. Con las debidas precauciones la condujo al Gobierno Civil, y desde este centro pasó la supuesta demente a la Casa de Socorro del distrito. En este benéfico establecimiento manifestó la pobre mujer llamarse Lorenza Cobián...». (*Mientras* Don Benito *lee,* Lorenza *termina de atar la pañoleta a la reja.*) «Y después de reconocida por los facultativos de guardia, certificaron estos que aquella acusaba síntomas de enajenación mental. Trasladaron a la demente de nuevo al Gobierno Civil, y allí fue metida en uno de los calabozos destinados a los detenidos, no teniendo con ella las precauciones que aconseja la más elemental prudencia, como lo demuestra lo sucedido. Cuando fueron a penetrar ayer mañana en el calabozo donde estaba Lorenza Cobián, se la encontraron cadáver, colgando su cuerpo de un pañuelo que llevaba al cuello y que sujetó a un barrote de la ventana, produciéndose la muerte por estrangulación.». (Don Benito *se vuelve hacia* Lorenza *justo en el momento en que ella se deja caer, quedando colgada del pañuelo.* Don Benito *tiende sus manos impotentemente a través de la reja.*) ¡Lorenza!

VOZ	(*En Off.*) «Del suceso se dio conocimiento al juzgado de guardia, que se personó en el Gobierno Civil, instruyendo las primeras diligencias. El gobernador, por su parte, ha ordenado se incoe expediente para depurar si hubo negligencia en la vigilancia a que la loca debió estar sometida.».
DON BENITO	Lorenza...

(*Se oyen los ladridos del perro. Van desapareciendo las paredes y rejas del calabozo. Un golpe de viento arrebata el periódico de las manos de* DON BENITO, *que queda solo en el escenario vacío. Ladra el perro.*)

Oscuro

Escena VIII.
Una escalera de vecinos

*Se ilumina una escalera. sentada en un esca-
lón, una joven –FORTUNATA– que lleva un pañuelo en la cabeza y un mantón, sorbe un
huevo crudo.*

  *Los ladridos de perro resuenan por el hue-
co de la escalera. Enseguida aparece* DON
BENITO. *La joven lo mira con coquetería y
sorbe el huevo en ademán provocador.*

DON BENITO   Disculpe… estoy buscando a mi perro.

FORTUNATA   ¿A su perro? ¿Aquí arriba?

DON BENITO   Me pareció oírlo… discúlpeme, tal vez me
engañó el eco. El sonido rebota en las paredes y produce resonancias que engañan
el oído.

FORTUNATA   Si usted lo dice… ¿Seguro que es un perro
lo que busca? Porque algo me dice que es
usted un punto de cuidado.

DON BENITO   Quede con Dios.

FORTUNATA   Abur. (DON BENITO *se dispone a marchar-
se.*) Espere. (DON BENITO *se detiene.*) Sí que

me pareció oírlo ladrar. Pero el sonido venía de la calle.

DON BENITO   Gracias. (*Va a marchar, pero se vuelve.*) ¿Qué está comiendo usted?

FORTUNATA   ¿No lo ve? Un huevo.

DON BENITO   Un huevo crudo.

FORTUNATA   Mejor que guisao. ¿Quiere usted?

(*Le tiende el huevo.*)

DON BENITO   No, gracias.

FORTUNATA   ¿Tiene usted prisa?

DON BENITO   No lo sé.

FORTUNATA   No parece usted de por aquí.

DON BENITO   No lo soy.

FORTUNATA   ¿Y qué le trae por esta vecindad? ¿No le da miedo mancharse los zapatos en el barrizal?

DON BENITO   Busco a mi perro, ya se lo he dicho.

FORTUNATA   Mucho debe de quererlo cuando va usted tras él, en lugar de ser el chucho quien lo siga, como se supone.

DON BENITO   Buena observación.

(FORTUNATA *arroja la cáscara del huevo y se pone en pie limpiándose con la manga.*)

FORTUNATA   No me gustan los perros. No me gusta su forma de seguir al amo ciegamente, perdonándolo todo, aguantando las patadas, aguantando el hambre… todos deberían ser como el suyo, capaces de traerlo a usted hasta esta calle de la amargura…

DON BENITO   Va a resultar que mi Tito es el héroe de la revolución canina.

FORTUNATA   Eso es lo que les hace falta a los perros y a las mujeres tontas, una revolución que les quite de tanta tontería. Ya está bien de dejarse arrastrar, de volver una y otra vez a la voz del amo, aunque una sepa que lo que le espera… Ojalá yo hubiera sido como su perro de usted. ¿Que me quieres? Ven a por mí, y da la vuelta al mundo detrás *mía*. Pero no… le bastaba con silbar y ahí estaba yo, como una perrita, con la lengua fuera… una vez y otra. ¡Dita sea mi estampa! Pero ¿qué me habrá dao ese maldito Juanito Santa Cruz? Ya me lo decía la Mauricia, pobrecita mía, «*Fortunata, paíces boba*» y es verdad que no lo parezco, sino que lo soy. No boba, sino tonta de remate, que me chasca los dedos y todo lo dejo por él. Me pregunto qué dios o qué demonio me ha hecho así.

DON BENITO   Muchas mujeres la admirarían por ser capaz de amar de esa manera. Y muchos hombres.

FORTUNATA   ¿Hombres? No me haga usted reír. Los hombres se ríen de las mujeres como yo... hombres. Alguno encontré bueno de verdad. El bendito don Braulio, que me trató como a una persona... Y mi pobre Maxi, que a escribir me quería enseñar, pero quiá, como yo le decía, no está ya la Magdalena para tafetanes. Y lo mal que lo traté... Pero el resto... Hombres... por mí podían meterlos a todos en un saco y los podían echar al río... se aprovechan de las que son como yo, pero a la hora de la verdad vuelven con las decentes. Hasta que les pica otra vez el bicho y nos vuelven a buscar... y allí está otra vez la tonta de Fortunata... Allá por junio, sí, bien me acuerdo de que era en junio, porque estaban poniendo los palos para el toldo de la procesión del Corpus, me dijo que nunca más me dejaría, que se avergonzaba de haberme abandonado dos veces, ¡y qué sé yo cuántas mentiras más!... Pero un par de semanas después ya lo noté raro... buscando un pretexto para llamarse andana... ¡Cristo!, ¡qué cara me puso cuando le dije aquello...! «No seas bobito, ni fíes tanto en la virtud de tu mujer. ¿Pues qué te crees? ¿Que no es ella como las demás? Tan listo como eres, y a ti también te la dan...» Yo lo dije por picarlo, pero ¡bendito dios, qué cara me puso!

«¿Pero qué te has figurado, que mi mujer es como tú? ¿De dónde has sacado esa historia infame? ¿Quién te ha metido en la cabeza esas ideas? Mi mujer es sagrada. Mi mujer no tiene mancilla. Yo no la merezco a ella, y por lo mismo la respeto y la admiro más. Mi mujer, entiéndelo bien, está muy por encima de todas las calumnias. Tú misma te estás castigando con eso de decirme que mi mujer es como tú, o que en algo puede parecerse a ti. Te castigas porque me demuestras la diferencia; te comparo con ella, y si pierdes en la comparación, échate a ti la culpa... Si vuelves a pronunciar delante de mí una palabra sola referente a mi mujer, cojo mi sombrero... y no vuelves a verme más en todos los días de tu vida».

¡Ah!, tuno, no hablaba antes de ese modo. En junio, sí, bien me acuerdo, todo era *te quiero y te adoro*, y bastante que nos reíamos de la *mona del cielo*, así la llamábamos a aquella santa, aunque siempre la teníamos por virtuosa. ¿Que es sagrada, dices?... ¿Entonces, para qué la engañas? ¡Sagrada! Ahora sales con eso. *Cojo mi sombrero y no me vuelves a ver...* Eso es lo que tú quieres hace tiempo, le dije. Estás buscando un motivo, y te agarras a lo que dije. *Te comparo con ella, y si pierdes en la comparación, échate a ti misma la culpa.* Eso es decirme que soy un trasto, que yo no puedo ser honrada aunque quiera... ¡Cómo me requemaba oyendo esto y cómo me requema ahora mismo! Se me aprieta la garganta, y los ojos se me llenan de lágrimas. ¡Decirme a mí esto, a mí, que me estoy condenando por él...! Pero, señor, ¡qué culpa tendré yo de que esa niña bonita sea un ángel! Hasta la virtud sirve para darme a mí en la cabeza. ¡Ingrato! Desde aquel momento no me volvió a mirar como me miraba siempre. «¿Estás enfadado?». «¡Si te parece que no debo estarlo...!». «Hazte el cargo de que no he dicho nada». «No puedo; me has ofendido; te has rebajado a mis ojos. Como tú no tienes sentido moral, no comprendes esto. No calculas el valor que se quitan a sí mismas las personas cuando hablan más de la cuenta». «No me digas esas cosas».

«Se me salen de la boca. Desde que calumniaste a mi mujer, la veneración y el cariño que le tengo se aumentan, y veo otra cosa; veo lo miserable que soy al lado suyo; tú eres el espejo en que miro mi conciencia y te aseguro que me veo horrible». Cuando toma este tonito, le pegaría *asín*... Eso es decirme que soy una indecente. Y siempre que saca estas *tiologías*, es porque me quiere dejar. Y yo no puedo vivir así, dios mío; esto es peor que la muerte. Y yo querría salir corriendo y tirarme al río y morirme de una vez y reunirme con mi niño chiquito, pero sé que no seré capaz, porque soy un esclava suya. Ya quisiera yo ser virtuosa... Usté, que parece hombre cultivado, dígamelo, ¿qué demonios es eso de la *vir-*

tú, que por más vueltas que le doy no puedo hacerme con ella y meterla en mí?

DON BENITO   Y sin embargo, yo siempre te vi como una mujer virtuosa.

FORTUNATA   ¿Siempre? Ni que nos hubiéramos visto antes... ¿De qué me conoce usted? Yo no recuerdo haberlo visto antes.

DON BENITO   Te vi una mujer valiente y libre...

FORTUNATA   ¿Libre? ¿Libre de qué? Esclava, ya se lo he dicho. Esclava de un querer. ¿Cree usted que si hice lo que hice, si iba y venía, era por mi voluntad? No, que todo lo hacía por él. Para olvidarlo, para quitármelo de la cabeza, para darle celos, para castigarme... libre he sido, sí; libre para encenagarme pensando que así me vengaba de él... libre, ¿libre para qué?

DON BENITO   Para amar con todas las consecuencias, hasta el final. Cuántas personas conozco que hubieran querido amar así, rompiendo todas las convenciones, sin tener en cuenta la opinión de los demás.

FORTUNATA   ¡*Tiologías*! ¿Usted cree de verdad que un amor así da libertad? Qué ingenuo es usted. ¿Dónde ha aprendido usted de la vida? ¿En los libros? ¡Un amor como el que yo siento por ese niño es una cadena que una

103

se ata al cuello! ¿Usted cree que a mí no me habría gustado ser una señora de bien, de mi casa, con mi maridito y mis hijos? ¡Libertad! ¡Ja! Regalaba yo toda esta libertad que usted dice por ser como ella, como la *mona del cielo*, que con todo y no poder darle hijos al final me lo ha quitado. Porque me lo ha quitado… porque Juanito es mío, y yo de él, y porque yo sé que he de morirme con su nombre en la boca. ¿Y qué libertad es esa? ¿Y qué valor es ese? ¿Y qué virtud es esa? Ande, y busque a su perro. Y no le pegue, que si se escapa es porque es libre, libre de verdad. No lo castigue por eso.

DON BENITO   No, Fortunata. No lo castigaré. Solo lo seguiré por ver a dónde me lleva.

FORTUNATA   ¿Y adónde lo va a llevar, un animal sin conocimiento?

DON BENITO   ¿Quién sabe? A lo mejor ha llegado la hora de dejar que mande el instinto. Siempre quise portarme como un hombre razonable, hacer lo que creía mejor para mí, para los que me rodeaban y para mi patria… tal vez es el momento de soltar el timón.

FORTUNATA   ¿Y dejar que sea un perro quien lo guíe?

DON BENITO   ¿Por qué no?

FORTUNATA   Pues vaya con dios, caballero, y que ese animal no lo lleve por malos pasos.

DON BENITO   Queda con dios, Fortunata.

(DON BENITO *se dispone a marchar.*)

FORTUNATA   ¡Espere! (DON BENITO *se detiene.*) Que me he quedado con la copla de eso que me ha dicho... y que, si lo miro, por canutas que las pase, no me cambiaba yo por ninguna otra... que no digo yo que mi vida sea un lecho de rosas, pero siempre he hecho lo que he querido; soy esclava, sí, pero esclava de mi pasión, y puestos a no ser libre, nadie lo es y por lo menos yo elegí mi cadena. Y si mi cadena se llama Juanito Santa Cruz, las de otros se llaman de otra manera. Y sé que al final me moriré como una perra, pero quién sabe, a lo mejor cambia mi suerte... y si no cambia... ande, corra, y siga a su perro y deje de enredarme, que no tengo tiempo para *tiologías*. Vaya usted con dios, y que encuentre lo que busca.

DON BENITO   ¿Crees que busco algo?

FORTUNATA   Todo el mundo busca algo.

(*Y se pierde escaleras arriba, desapareciendo en la penumbra.* DON BENITO *la ve irse. Se oyen entonces los ladridos del perro, que acaban en un aullido triste y prolongado.*)

Don Benito   ¡Tito! ¡Tito!

(*Sale, mientras se hace el...*)

Oscuro

Escena IX.
Un puerto

> *El escenario está vacío. Se oye el rumor del mar chocando con la escollera, y los gritos de las gaviotas y la sirena de un vapor. Una pasarela desciende sobre un lado del escenario, como invitando a subir a un buque imaginario.* DON BENITO *entra, mirando asombrado a su alrededor.*

DON BENITO   Ni el más faraónico de sus alcaldes soñó con un puerto de mar para Madrid... Parece que llegué al fin de mi viaje... ¡Tito! ¡Tito, viejo amigo! ¿Dónde estás? ¿Por qué me has traído hasta aquí?

> *(Aparece una* MUJER. *Lleva un vestido blanco y una capa con capucha que le cubre parcialmente el rostro.)*

MUJER   Es hora de embarcar.

DON BENITO   ¿Embarcar? ¿Hacia donde? ¿Cuál es mi destino?

MUJER   El mismo que el de todos los hombres. El origen. Todos volvemos al lugar del que vinimos. Mira el nombre del vapor.

DON BENITO   ¡El *Almogávar*!

MUJER   ¿No te dice nada ese nombre?

DON BENITO   Es el mismo que me sacó de mi isla y me trajo a la península… ¿qué hace aquí?

MUJER   Viene a por ti. Es hora de embarcar.

DON BENITO   ¿Qué me espera allí?

MUJER   Me has seguido hasta aquí sin vacilar. ¿Ahora vas a tener miedo?

DON BENITO   ¿Te he seguido? ¿Tú eres Tito? (*La* MUJER *se encoge de hombros.*) ¿Qué clase de sueño es este? ¿Quién eres tú? Siempre te imaginé de otra forma. Nunca pensé que pudieras llegar a ser tan seductora.

MUJER   Eso es porque no me tienes miedo.

DON BENITO   ¿Por qué habría de tenértelo? He vivido una larga vida… he intentado hacer algo por los que me rodeaban y he buscado el bien… aunque sin duda he cometido errores. ¿Este es el fin del viaje?

MUJER   El principio.

DON BENITO   ¿Y debo embarcar? ¿Qué me espera?

MUJER   La respuesta a todas las preguntas.

DON BENITO	Prefiero encontrar mis propias respuestas.
MUJER	Ya no puedes. Ven. Sígueme. Embarcaré contigo.
DON BENITO	¿Quién eres? (*La* MUJER *se quita la capucha. Es casi una niña, morena.* DON BENITO *la mira sorprendido.*) No puede ser... ¿Eres tú? ¿Eres Sisita?
MUJER	Sisita, tu prima; tu primer amor.
DON BENITO	Sisita...
MUJER	Tu madre hizo todo lo que pudo por alejarnos... y al fin lo consiguió.
DON BENITO	Sisita...
	(DON BENITO *parece a punto de llorar. La* MUJER *empieza a subir por la pasarela. Empieza a oírse una habanera tocada al piano.*)
SISITA	Ven. El barco está a punto de zarpar. Tenemos que volver a casa.
	(DON BENITO *inicia el ascenso por la pasarela, mientras las música sube de volumen y se hace el*

Oscuro

Escena X.
Salón de la casa de Galdós

Cuando se ilumina la escena, estamos en la misma situación de la escena I. Suena la habanera en el piano, y Don Benito *está sentado en su silla. Extiende el brazo hacia delante.*

Don Benito   Sisita… espérame…

(Cierra los ojos, da un gran suspiro y su cabeza cae sobre el pecho. El brazo, al caer, tira el pequeño velador y el vaso rueda por el suelo. La música del piano sigue sonando mientras se hace el

Oscuro final.

Esta primera edición de *sombra y realidad* (*Pérez Galdós*),
de Ignacio del Moral y Verónica Fernádez, terminó de imprimirse
en mayo de dos mil veinticuatro,
en Madrid.